CAHIERS
DU CLERGÉ ET DU TIERS-ÉTAT
DU BAILLIAGE DE SOISSONS.

SOCIÉTÉ HISTORIQUE, SCIENTIFIQUE
ET ARCHÉOLOGIQUE DE SOISSONS.

CAHIERS
DU CLERGÉ ET DU TIERS-ÉTAT

DU BAILLIAGE DE SOISSONS

ET

DIVERSES PIÈCES

concernant leur rédaction

RECUEILLIS

par M. PERIN,

Membre titulaire de la Société.

SOISSONS,
DE L'IMPRIMERIE DE EM. FOSSÉ DARCOSSE,
Rue Saint-Antoine, 15.

1868.

SOCIÉTÉ HISTORIQUE, SCIENTIFIQUE ET ARCHÉOLOGIQUE DE SOISSONS.

EXTRAIT DE LA 11ᵉ SÉANCE.

LUNDI 3 DÉCEMBRE 1866.

M. Perin dépose sur le bureau une copie des cahiers du clergé et du Tiers-Etat du bailliage de Soissons, rédigés en 1789.

M. l'abbé Pécheur, qu'il avait prié d'en rendre compte à la Société, lit la note suivante :

« La publication des cahiers destinés à servir de guide aux députés envoyés aux Etats-Généraux est d'une utilité capitale tant pour l'histoire générale que pour l'histoire particulière de cette époque. C'est par ces documents officiels que l'on peut réellement connaître quelle était alors la situation des esprits en France, l'état de l'opinion dans les diverses classes de la société et les aspirations de la nation française.

« Nous n'avons pu jeter encore qu'un coup d'œil rapide sur les cahiers du bailliage de Soissons et déjà il nous a été facile de reconnaître combien il serait important de les insérer dans le Bulletin de la Société. M. Perin, malheureusement, n'a pu encore retrouver le cahier de la noblesse, mais nous pouvons espérer qu'il n'échappera pas toujours à ses actives recherches.

« Quant aux points saillants de ces cahiers, ce sont les mêmes qui frappent tout d'abord dans ceux des diverses provinces de la France : une certaine harmonie d'idées et de tendances entre les trois ordres qui se trahissait par des égards réciproques; un vif attachement à la patrie; un amour enthousiaste pour le roi et le principe monarchique; la nécessité de réformes profondes dans l'Eglise et dans l'Etat avec un dévouement sincère à la religion catholique; l'extirpation des vieux abus et la suppression d'antiques usages incompatibles avec le progrès des temps; enfin la construction d'un édifice nouveau, mais en conservant les bases anciennes consolidées, améliorées, aggrandies, telles que la convocation des Etats-Généraux à des époques fixes et l'extension à toute la France des Etats provinciaux.

« Si déjà on voit poindre les prétentions du Tiers-Etat, trop longtemps comprimé par les deux autres ordres, sur l'égalité du nombre des suffrages, le vote en commun et par tête qu'il réclamait, et par son immixtion intempestive dans les affaires ecclésiastiques, prétentions qui devaient amener la révolution, on n'en reste pas moins convaincu que si les députés avaient religieusement suivi le mandat qui leur était imposé par les cahiers de leurs commettants, la rénovation désirée et attendue de toute la France, à l'exception de certains grands privilégiés de la noblesse et du clergé, aurait pu s'accomplir sans secousse et sans bouleversement.

« Le cahier du clergé du bailliage de Soissons, nous ne pouvons nous empêcher de le remarquer, nous a paru rédigé avec une hauteur d'idées, une entente des affaires de l'Etat et de l'Eglise, une sûreté de vues et une gravité religieuse et philosophique qui frappera ceux qui le liront sans prévention.

« Aux cahiers des Etats sont joints, dans le dossier de M. Perin, les procès-verbaux des assemblées tenues pour leur rédaction et l'élection des députés aux Etats-Généraux. Leur publication nous a paru aussi d'une grande importance parce qu'ils nous donnent au vif la physionomie de ces premières réunions les rivalités pour la présidence, la composition des bureaux, la nomination des scrutateurs et surtout celle des députés. Nous en dirons autant de plusieurs autres pièces qui ont trait aux opérations électorales, comme la circulaire pour la convocation des assemblées, une lettre du Père Pruneau, de l'Oratoire, principal du collége de Soissons, où l'on voit poindre des germes de scission entre le clergé du premier et du second ordre, germes qui apparaissent encore dans l'assemblée électorale où les voix se portent sur un simple curé de village, l'abbé Delettre, de Berny-Rivière.

« Enfin dans notre dossier se trouvent un grand nombre de pièces émanées du procureur du roi Gouillart, à la suite de certaines illégalités commises, selon lui, dans les réunions du Tiers et notamment par la présence de la maréchaussée dans l'assemblée. Cette affaire, portée devant le contrôleur général des finances, fit un certain bruit et donna lieu à une correspondance de ce ministre. On pourrait choisir quelques-unes de ces pièces, notamment une protestation qui résume les griefs de Gouillart et négliger le reste comme pouvant être superflu et d'une lecture fastidieuse.

« En résumé nous proposerions à la Société la publication des cahiers et de leurs annexes, dont le triage se ferait au fur et à mesure de l'impression afin de ne pas trop charger le Bulletin de pièces intéressantes et utiles, mais accessoires. »

La Société adopte les conclusions de ce rapport et vote l'impression des cahiers.

CAHIERS

DU CLERGÉ ET DU TIERS-ÉTAT

DU BAILLIAGE DE SOISSONS

Et Pièces diverses concernant leur rédaction.

Lettre de la Commission provinciale du Soissonnais au Directeur général des finances (1) :

(7 janvier 1789.)

Monsieur,

Nous avons occupé deux de nos séances à la lecture et à la méditation attentive et réfléchie du rapport que vous avez fait au Conseil de Sa Majesté, le 27 décembre dernier.

Nous regardons les principes, les vues et les dispositions que vous avez développés avec cette énergie qui vous est propre, comme essen-

(1) M. Necker.

tiels pour opérer la conciliation si désirable et si désirée de toutes les opinions qui partagent depuis si longtemps les trois différents ordres sur les questions les plus intéressantes et les plus liées au bonheur général.

Daignez recevoir, Monsieur, comme un hommage vrai de notre vœu particulier et des sentiments de la vive reconnaissance et de l'admiration dont nous sommes pénétrés, les instances que nous avons l'honneur de vous adresser, de nous faire passer 1,500 exemplaires de cette production précieuse et supérieure à tout éloge, afin que nous puissions les faire connaître à toutes nos municipalités.

S'il ne vous était cependant pas possible, Monsieur, de nous en donner la satisfaction, nous vous supplions de nous autoriser à faire imprimer promptement ce rapport et le résultat du Conseil, et nous osons vous assurer que cette dépense sera généralement approuvée.

Nous sommes, etc.

Les Députés composant la Commission provinciale du Soissonnais,
Signé : BOUVEROT, MENNESSON, BRAYER, BLIN DE LA CHAUSSÉE.

Lettre de M. Pruneau, Prêtre de l'Oratoire à Soissons, à M. le Directeur général des finances.

(12 janvier 1789.)

Monseigneur,

L'admiration qu'excite dans l'esprit des personnes de tout état la lecture du rapport que vous venez de faire à Sa Majesté, n'est égalée que par le respect qu'inspirent vos principes de morale publique et vos vues bienfaisantes. Un seul article de cet éloquent et judicieux rapport afflige plusieurs ecclésiastiques. Ils y voient avec peine que vous comptiez le vœu d'une grande partie du clergé et de la noblesse parmi les raisons qui militent pour que le Tiers-Etat ne soit admis dans la composition des Etats-Généraux qu'en nombre égal à chacun des deux autres ordres.

Je n'ai point, Monseigneur, assez de relations avec les personnes décorées de la noblesse pour pouvoir rien articuler sur le compte de leur ordre; mais quant au clergé, j'ose affirmer que, dans la haute sphère où la Providence vous a placé pour le salut de la France, vous n'êtes pas exactement informé de son véritable vœu.

Si l'on ne compose l'ordre du clergé que de ceux qui, personnellement revêtus de grandes prérogatives, peuvent croire avoir de puissants intérêts particuliers à défendre, je conçois que le plus grand nombre est peut-être opposé aux prétentions justes et modérées du Tiers-Etat; mais si l'on daigne y comprendre ceux qui, placés dans la seconde classe, sans prétentions à la première, en forment la partie travaillante et journellement utile, il est hors de doute que la très-grande pluralité voterait pour les sentiments généreux que vous désirez voir régner dans les deux premiers ordres. Leur vœu était déjà formé à la simple lecture du discours que vous avez prononcé à l'ouverture de l'Assemblée des notables.

Vous le savez, Monseigneur, dans les grands

intérêts la façon de penser est ordinairement uniforme, à moins que quelque cause particulière ne la modifie. Je ne vois rien dans le canton que j'habite qui puisse inspirer au clergé plus de dévouement qu'ailleurs aux intérêts du Tiers-Etat; d'où je conclus que la façon de penser qui règne dans le clergé du diocèse de Soissons, représente à peu près le vœu du clergé des autres diocèses. Or, je fréquente journellement des dignitaires, des chanoines de cathédrale et de collégiales, des curés de villes et de campagnes, des ecclésiastiques vivant en communauté, je n'en trouve aucun qui n'applaudisse plus ou moins hautement aux réclamations actuelles du Tiers-Etat. Les lettres qui viennent du dehors attestent que les mêmes sentiments règnent en beaucoup d'autres endroits. Je crois pouvoir sans témérité me rendre garant de ceux de la Congrégation à laquelle j'ai l'honneur d'appartenir depuis vingt ans, qui, répandue en France dans plus de soixante établissements, consacre principalement ses travaux à l'éducation de la jeunesse. Il est donc, Monseigneur, plus que probable, et vous avez en mains tous les moyens nécessaires d'en acquérir la certitude complète, que ce qui constitue véritablement le second ordre du clergé, embrasse de tout son cœur les principes d'équité naturelle que réclame le Tiers-Etat. D'où il est aisé de conclure que si la forme des élections pour députer aux Etats-Généraux était telle que les curés y eussent le degré d'influence qu'exigent leur nombre, la dignité de leur caractère et l'importance de leurs fonctions, le dernier des trois ordres du royaume aurait toujours pour lui la voix du premier dans ses prétentions raisonnables. La noblesse qui compte dans son sein un grand nombre de membres aussi équitables qu'éclairés, ne pourrait tenir, quand on lui en supposerait l'intention, contre cet accord. De là naîtrait nécessairement cette réunion de volontés pour le bien général, auquel vous exhortez avec autant de dignité et de pathétique que vous en prouvez solidement la nécessité. Le bon et vertueux monarque qui nous gouverne verrait ses vœux pour le rétablissement de l'ordre exaucés, et vous jouiriez de la gloire inappréciable d'avoir plus contribué que tout autre à ce rétablissement par vos travaux et vos conseils. C'est bien peu pour vous que l'addition d'un homme obscur au concert d'éloges qui retentissent de toutes parts, mais c'est beaucoup pour moi de pouvoir vous assurer de mon admiration pour la sagesse et la profondeur de vos vues, de mon zèle à propager les idées grandes et salutaires qui remplissent vos ouvrages et du profond respect, etc.

Signé : PRUNEAU,
Prêtre de l'Oratoire et Préfet du Collège de Soissons.

LETTRE

des Trésoriers de France au Bureau des Finances de Soissons

AU DIRECTEUR GÉNÉRAL DES FINANCES,

du 19 janvier 1789.

MONSEIGNEUR,

Votre voix pour la défense du peuple n'a

point seulement été entendue d'un monarque aussi sensible que généreux ; elle a retenti dans toutes les parties de l'Empire ; et, dans tous les tribunaux de leur enceinte, vont successivement éclater ces vœux qui précèderont l'Assemblée nationale pour lui laisser plus tôt recueillir les sacrifices des magistrats que les commander.

Nous avons vu dans nos priviléges pécuniaires, que le moins qu'ils nous présentaient était de suivre et de donner des exemples après lesquels S. M. comme la nation, ne verront à notre égard qu'une application à faire des principes de justice qu'ils vont consacrer sous tous les rapports dans le droit sacré de la propriété.

Son plus beau triomphe est, sans doute, de n'avoir à faire renaître des devoirs que pour un grand corps de magistrature.

Ce qui est établi dans le discours que nous avons l'honneur de vous adresser est ce que nous réclamons par notre arrêté qui en fait partie.

Nous sommes, etc.

Les présidents trésoriers généraux de France au bureau des finances de la généralité de Soissons :

Capitain, Letellier, Vuillefroy, chevallier d'honneur, *de Chevrière, Dagneau de Richecourt, Gouilliart,* procureur du roi.

Le bureau des finances de la généralité de Soissons extraordinairement assemblé, un de Messieurs s'est levé et a dit :

Messieurs,

Notre zèle pour la compagnie doit se manifester dans un moment où ses plus grands intérêts sont liés aux événements mémorables qui se préparent pour la nation. Le mouvement général qui la porte à la plus heureuse révolution, ne doit point se communiquer aux corps de la magistrature, sans qu'ils y fassent remarquer celui qui leur est propre et qu'ils reçoivent d'un patriotisme éclairé. Dans le rang que tiennent les bureaux des finances entre les cours supérieures, ils ont dû attendre des exemples, mais ne pas différer à les imiter. Celui qui vient d'être donné par les Pairs du Royaume, par le Parlement de Paris et par des membres illustres du clergé, ajoute à leur gloire, celle qui appartient au plus bel hommage rendu à la justice et à l'humanité. Il annonce les progrès de ces notions si longtemps méconnues qui doivent montrer enfin dans son exécution ce principe, que toute différence entre les sujets du même Empire pour la contribution aux tributs quels qu'ils soient, n'est qu'une atteinte à la propriété publique; que toute exception au paiement des impôts n'est qu'un titre désastreux de surcharge pour le peuple; que des exceptions ne font que présenter l'imperfection de l'administration qui les a maintenues, de celle qui les a créées.

En renonçant à ses priviléges pécuniaires, le magistrat découvre, pour ainsi dire, toute la dignité de son état.

On doit le reconnaître à l'utilité de ses services, à un sacrifice de tous les instants de sa vie pour la patrie; à son accessibilité; à la simplicité et à l'austérité de ses mœurs; à cette énergie qui ne voit dans les classes les plus élevées comme dans les dernières, que des citoyens soumis à l'ordre public.

Honoré des regards du prince et de la considération attachée à ce dévouement, participant au respect dû à la sainte majesté de lois dont il est l'organe ; tel est, Messieurs, la seule et grande distinction qui lui est réservée dans le règne si prochain des vraies maximes du gouvernement.

Il en est une cependant, qui est inséparable, pour les bureaux des finances, de celle qui veut que les trois ordres de l'Etat soient assujettis également et en la même forme, aux impositions.

Depuis les atteintes portées à la juridiction et aux prérogatives des bureaux des finances, pour ceux surtout qui sont, comme celui de Soissons, situés dans un apanage (1), les priviléges pécuniaires ont seuls soutenu les finances des offices de trésorier de France. Cette finance (par laquelle ils représentent les premiers titulaires dans lesquels le gouvernement a trouvé des ressources qui ont évité au reste de la nation de nouveaux impôts ou un accroissement au déficit actuel) est leur patrimoine et forme, avec les frais de réception en leurs charges, et le droit d'hérédité payé par eux en 1743 et en 1786, une partie considérable de leur fortune.

Les exemptions leur tenaient lieu de l'intérêt (qu'ils n'ont point dans les gages de leurs

---

(1) Soissons était de l'apanage du duc d'Orléans.

offices) des capitaux employés à l'acquisition de leurs charges et à tous les frais accessoires.

L'importance et l'étendue des fonctions dans les Parlements et les autres cours pour y conserver la valeur des offices...... Mais comment sera-t-elle maintenue pour les bureaux des finances dont la juridiction a tellement souffert, que de ses pertes on a formé les plus grands pouvoirs ?

Le moyen d'acquitter le roi et la nation de l'engagement de faire jouir les trésoriers de France de leurs prérogatives pécuniaires, de conserver (dès qu'ils cesseront et sans qu'il en coûte rien à l'Etat) une propriété si précieuse, pour huit cents magistrats, que celle de leurs charges, est à la disposition du roi. Il entre dans le plan de régénération que S. M. veut effectuer au milieu de son peuple. Il lierait la justice à l'utilité ; il procurerait aux provinces cet avantage d'avoir dans nos tribunaux des magistrats citoyens plus étroitement unis à la chose publique. Ce serait de rendre aux bureaux des finances leur antique existence, à leur compétence sa première étendue, et d'y ajouter ce qui en peut faire partie, pour qu'ils y trouvent un juste dédommagement de ce qu'ils ne conserveront plus dans les objets d'administration attribués aux assemblées provinciales qui vont devenir, par une composition régulière des représentants élus et librement choisis par les trois ordres, un des bienfaits que nous devrons au roi et aux députés de la nation.

En formant avec vous, Messieurs, une réclamation si légitime, nous ne suivons ni les mouvements aveugles de l'ambition, ni l'injuste projet de nous élever sur les ruines d'aucun tribunal. Dans une époque qui va effacer un souvenir si triste encore pour nos compagnies, toujours guidées par l'équité, alors même que nous cessons à peine d'être victimes, ce ne sont point des dépouilles que nous demandons, que nous sommes empressés de recueillir.

Le titre d'après lequel nous répétons tous les objets distraits de notre juridiction existe dans une foule de lois sanctionnées par les États généraux, ou, par l'enregistrement des cours, se trouve dans les annales de l'Empire, dans les auteurs les plus célèbres, dans les arrêtés émanés du conseil, qui attestent, avec les minutes de nos greffes, une possession rappelée par les principes qui vont servir de base à la constitution qui doit être rendue à l'Etat.

Il n'appartient qu'à une compagnie de suffire à tous les détails d'une administration, quelque multipliés qu'ils soient, de jouir de l'indépendance qui donne l'exécution à des règlements toujours combattus par l'intérêt personnel; d'être, dans tous les temps, conduite par l'expérience que ne perd jamais un corps qui ne se renouvelle que d'une manière insensible; d'éloigner les surprises par le concours des lumières; d'écarter de son sein les abus par cette surveillance qu'exercent les uns sur les autres les membres d'un même tribunal; de n'avoir sur les peuples qu'une autorité modérée, toujours facile à réprimer, si elle pouvait connaître l'excès. Enfin (ce qui est d'une grande considération dans les circonstances présentes, ce qu'on remarquera sans doute dans les assemblées provinciales, après que leur régime aura été perfectionné, ce qu'on voit aux Etats du Dauphiné) d'épargner aux provinces par des services annoblis par leur gratuité, tous les frais d'administration.

Les magistrats auxquels il en a été confié des parties si importantes, les officiers successivement créés pour composer les bureaux des finances, avec les mêmes prérogatives, prééminences, droits et fonctions que les anciens trésoriers généraux de France (qui étaient au nombre des premiers et des plus grands officiers de la couronne) pouvaient-ils ne former que des siéges inférieurs et subordonnés aux cours? La nature de leurs fonctions rejetait par les principes constitutionnels de la monarchie, cette dépendance, pour ne soumettre qu'au roi et à son conseil, non par la voie de l'appel, mais par la demande en cassation, les ordonnances des trésoriers de France.

Juges souverains en matière de direction, suivant les édits de 1445 et de 1508, rien n'a été changé à l'état et aux pouvoirs de ces officiers par l'édit de 1627, qui leur a attribué la connaissance du contentieux du domaine et de la voirie, avec appel (à cet égard seulement), de leurs ordonnances, au Parlement.

Cependant, Messieurs, il en est arrivé autrement. A mesure que s'est éloignée l'époque à laquelle la qualité de juge au contentieux a été pour les trésoriers de France, ajoutée à celle d'administrateur, on a commencé à confondre en eux ce double caractère. Bientôt on en est venu jusqu'à ne plus voir dans les bureaux des finances que des juridictions subalternes. Des lois renouvelées dans une suite de règnes n'ont été que de faibles barrières que les trésoriers de France ont opposées, jusqu'à présent, aux progrès d'une autorité toujours active, et à l'opinion contre laquelle les droits les plus sacrés sont impuissants.

Nous devons réclamer ceux-ci, Messieurs, comme constituant notre état, comme n'en ayant jamais été dessaisis, puisque notre possession, pour avoir été troublée, n'a point cessé.

Des prérogatives onéreuses au peuple ne doivent plus subsister; mais celles qui fixent notre rang dans la magistrature, pourrions-nous les abandonner?

Pour nous les conserver, ce que n'ont pu nos lois constitutives, on ne peut l'attendre que d'une extention de pouvoirs et de juridiction, sous les ordres du roi et de son conseil.

Par des rapports plus suivis et plus importants avec l'administration, les trésoriers de France obtiendront du gouvernement une protection avec laquelle ils se garantiront dans un choc moins inégal, des effets de l'attribution de l'édit de 1627 et jouiront enfin, comme leurs prédécesseurs des derniers siècles de cette sécurité et de cette stabilité d'état qui feraient refleurir des compagnies répandues par tout le royaume.

La matière mise en délibération, le bureau empressé de seconder les intentions paternelles de Sa Majesté envers ses peuples dont elle a confirmé les droits, en accordant au Tiers-Etat dans la prochaine assemblée nationale, une représentation égale à celle des deux autres ordres réunis.

Adoptant les vues et les principes qui viennent de lui être développés.

Déclare que son vœu est de supporter, comme le troisième ordre, avec le clergé et la noblesse et en la même forme, les impôts qui seront accordés et réglés par les Etats-Généraux; qu'il se doit de conserver les autres priviléges et prérogatives attachés à la dignité de ses offices.

Réclame de la bonté et de la justice du roi les fonctions d'administration et de juridiction retirées aux trésoriers de France, et toutes celles qui peuvent y être jointes.

A arrêté que le discours d'un de Messieurs, ensemble la présente délibération, seront imprimés, adressés à M. le garde des sceaux, à M. le directeur général des finances, ministre d'Etat, à M. de Villedeuil, secrétaire d'Etat, et présentés aux députés de la nation, à l'assemblée des Etats-Généraux (1).

Assemblée du Corps municipal de Soissons à l'effet de rédiger une adresse au Roi à l'occasion de la convocation des Etats-Généraux.

19 janvier 1789.

Le Corps municipal étant réuni à l'Hôtel de Ville, le procureur du roi et de la ville a repré-

(1) Archives impériales.

senté que la tenue prochaine des Etats-Généraux était pour la commune de cette ville le moment favorable d'offrir à S. M. l'hommage de la vive et respectueuse reconnaissance que lui doit tout cœur français ; que la convocation d'une assemblée nationale pour la régénération du royaume était un premier bienfait émané du meilleur des rois qui, se faisant gloire d'être le père commun d'une nombreuse famille, rassemble tous ses enfants indistinctement auprès de sa personne auguste, pour opérer par leurs conseils leur propre bonheur absolument inséparable du sien ; que l'organisation de cette assemblée majestueuse, ainsi qu'elle est prononcée par S. M. elle-même en son conseil, le 27 décembre dernier, portait à la fois un caractère de justice et de bonté ; qu'ainsi le troisième ordre, qui depuis tant de siècles s'honore de contribuer essentiellement et sous tant de rapports à la force nationale, aura le précieux avantage de se faire entendre et de fixer par l'expression modeste de ses services les dispositions des deux premiers à partager le poids des charges pécuniaires dans la juste proportion d'une fraternité patriotique ; que ce glorieux monument de la sagesse et de la bienfaisance de S. M. immortalise sa personne sacrée, au point que toutes les provinces, les villes et les communautés retentissant d'acclamations et de vœux qu'inspire un événement si mémorable, il est du devoir et de l'honneur de la commune de Soissons de suivre un exemple si touchant. Et il a été arrêté que le Corps municipal reprendra séance le 24 du présent mois, à l'effet d'exprimer par une adresse à S. M. les sentiments de reconnaissance et de respect dont il est pénétré.

Adresse des habitants de Soissons au Roi.

Du 21 janvier 1789.

SIRE,

Les habitants de votre ville de Soissons, pénétrés des sentiments qui animent toute la nation en apprenant que vous venez de prononcer sur la représentation du troisième ordre à la prochaine tenue des États-Généraux, supplient V. M. de permettre qu'ils lui expriment tous les transports de leur reconnaissance; leurs vœux se sont joints à ceux des villes de son royaume qui ont réclamé de son pouvoir comme de sa justice, la décision formant le résultat de son conseil du 27 décembre dernier.

Vos communes, Sire, n'ont demandé à V. M. de les faire jouir de leur indépendance des deux autres ordres dans l'assemblée nationale, que pour vous y offrir d'elles-mêmes ce qui ne peut être l'effet de la contrainte, que pour montrer à toute la terre que vous portez la plus belle des couronnes puisque vous régnez sur un peuple libre.

Nous n'avons pu voir qu'avec la plus vive émotion dans le rapport qui vous a été fait par un ministre si digne de votre confiance, les grands projets médités dans votre sagesse pour la félicité de votre empire et votre tendre sollicitude pour vos sujets. Leur amour en est le prix; nos fortunes, notre vie sont au meilleur et au plus grand des princes, à celui auquel nous allons devoir plus qu'à tous les rois ses prédécesseurs.

Il nous tarde que nos députés aillent remplir la mission que nous leur donnerons et présenter à V. M. l'hommage de notre fidélité, de notre dévouement à la gloire et à la prospérité du royaume et de notre attachement à sa personne sacrée.

Nous sommes, etc.

(Suivent un grand nombre de signatures.)

MM. du bailliage siége présidial de Soissons, ainsi que les adjoints nommés pour concourir avec le Corps municipal à la répartition de la taille et des impositions accessoires sur les différentes paroisses et colléges de la ville de Soissons, adhèrent à l'adresse du Corps municipal. (26 janvier 1789.)

Adresse du Corps municipal de Soissons au Roi.

Du 24 janvier 1789.

SIRE,

Toute la France retentit de cris d'allégresse. Un roi juste et bon est mis au rang des Louis XII, des Henri IV, de ces rois qui ont été les délices de la terre, et dont la mémoire si chère à l'humanité ne périra jamais. Un prince guerrier peut ravir, par l'éclat de ses victoires, l'admiration des peuples dont il est le fléau, un monarque vertueux et bienfaisant est béni chaque jour par ses sujets qu'il rend heureux. Si un fameux conquérant de l'antiquité a rempli l'univers de son nom, Socrate sur le trône aurait été beaucoup plus grand, parce qu'il aurait fait asseoir à ses côtés la justice, la vérité, toutes les vertus qui forment le plus beau cortége d'un souverain; c'est le spectacle ravissant que nous donne Votre Majesté.

Uniquement occupé au bonheur de vos sujets, vous rappelez auprès de vous un ministre qui se dévoue tout entier à cette tâche noble et pénible. Fidèle interprète de vos sentiments, il peint votre bonté paternelle sous des traits si touchants, que tous les cœurs attendris sont impatients de vous en marquer leur respectueuse reconnaissance. Par vos vertus, par la sagesse de vos conseils, nous voyons se rallumer ce feu patriotique qui embrase les âmes généreuses et qui fait les héros. Que de bénédictions, vous attire l'amour de l'ordre et de la justice qui caractérise toutes vos actions!

Dans des siècles d'ignorance et de barbarie, le faible gémissait sous la loi du plus fort. Les deux premiers ordres qui étaient très-puissants tenaient le Tiers-Etat dans une dépendance servile. Ils lui laissaient si peu d'influence dans les assemblées de la nation, qu'ils ne prenaient pas toujours la peine de recueillir les suffrages et qu'ils ne paraissaient l'admettre à ses délibérations que pour lui mieux faire sentir leur prééminence et son avilissement.

Dans des temps moins malheureux, le Tiers-Etat a voté plus librement, mais le réduire au tiers des voix lorsque son intérêt prédominait sur celui des deux autres ordres, c'était toujours blesser la justice et l'équité. Vous avez,

Sire, prononcé entre un préjugé enraciné et la raison qui a toujours tant d'empire sur l'esprit d'un grand roi; vous avez accordé au Tiers-Etat un nombre de députés égal à celui des députés réunis de la noblesse et du clergé. Cette décision émanée de votre sagesse, a répandu la joie dans les villes et dans les campagnes. Elle va donner une nouvelle activité à l'industrie du laboureur et du commerçant qui, honorés du regard que vous daignez jeter sur eux, et fiers du titre de citoyens, qui n'ont d'autre autorité à reconnaître que celle du souverain et de la loi, se montreront jaloux de remplir scrupuleusement tous les devoirs de sujets fidèles.

Que Votre Majesté n'est-elle témoin des transports de reconnaissance que les habitants de la ville de Soissons, dont nous sommes les organes, font éclater dans cette heureuse circonstance !

Avide du bonheur qui naît de la félicité publique, elle verrait ses désirs et pour ainsi dire ses besoins satisfaits. Sa joie pure et délicieuse ne serait pas troublée par la vue d'une scission dans les différents ordres de citoyens. Ici, la discorde n'a point osé agiter son flambeau; l'esprit de corps n'a pas fait mouvoir les ressorts de l'intrigue. L'intérêt particulier s'est tu devant l'intérêt général. Point de jalousie, point d'autre rivalité entre les trois ordres que la noble émulation de répondre au vœu de la patrie, cette mère commune qui a droit d'exiger de tous ses enfants des secours proportionnés à leurs forces et à leurs facultés respectives. Cet exemple est celui d'un grand nombre de provinces qui sont animées du même motif et des mêmes vues, tout le présage, heureuses de la réunion de tous les esprits. Les passions se calmeront, la raison reprendra ses droits. Votre Majesté jouira de la douce satisfaction d'avoir rétabli la paix et l'harmonie dans toutes les parties de ce vaste empire, sans avoir employé d'autre moyen que celui de la persuasion. Un bonheur inaltérable dont elle n'a encore goûté que les prémices, sera le digne prix de ses tendres sollicitudes et de son amour paternel.

Tel est le vœu, Sire, que porte respectueusement aux pieds de Votre Majesté la commune de Soissons, que votre bienfait a pénétré de la plus vive reconnaissance et qui vous supplie d'agréer l'hommage de la plus parfaite soumission et fidélité.

Il a été arrêté qu'expédition de cette adresse serait présentée au duc d'Orléans, premier prince du sang, comte de Soissons, avec supplication de vouloir bien continuer à cette ville sa bienfaisance et sa protection et envoyée à M. Necker, ministre d'Etat, directeur général des finances, comme un hommage de la commune de Soissons, à M. de Villedeuil, secrétaire d'Etat, ayant le département de la province, et à M. l'intendant avec prière d'accorder à cette ville leur appui auprès de Sa Majesté.

Signé : GODARD DE CLAMECY, maire; MENNESSON, BROCHETON, BRAYER-PINTON, échevins; VERNIER, procureur du roi; GREVIN-DOVILLER, receveur; GUYNOT, secrétaire.

(Archives impériales.)

Le 27 janvier 1789, les officiers du grenier à sel de Soissons adhèrent à l'Adresse au roi du Corps municipal.

Le 28, les officiers de l'élection, les prêtres de l'Oratoire, les avocats et les notaires adhèrent à l'Adresse du Corps municipal.

Le 29, les juges consuls adhèrent à l'Adresse du Corps municipal.

Le 30, les officiers de la maîtrise des eaux et forêts, les procureurs et le corps des marchands de Soissons adhèrent à l'Adresse du Corps municipal.

Le 2 février, le corps de la maréchaussée de Soissons adhère à l'Adresse du Corps municipal.

Ordonnance du lieutenant général au bailliage, siége présidial de Soissons, pour la convocation des trois Etats du bailliage de cette ville.

A tous ceux qui ces présentes lettres verront, nous, Charles-Louis de Beffroy, chevalier, seigneur dudit Beffroy, de la Grève, L'herie, Sainte-Marcelle, Andrecy, le Breuilly, Frise, Herbigny et autres lieux, grand bailly provincial et perpétuel de Soissons et pays Soissonnais, et pour l'absence de M. le grand bailly, nous, André-Jean-Henri Charpentier, écuyer, conseiller du roi et de S. A. S. Mgr le duc d'Orléans, lieutenant-général au bailliage, siége présidial de Soissons, salut : Savoir, faisons que, vu les lettres de S. M. du 24 janvier 1789, signées Louis, et plus bas Laurent de Villedeuil, scellées du cachet de cire rouge, pour les convocation et assemblée des Etats-Généraux du royaume, ensemble le règlement y annexé, faisant droit sur le réquisitoire du procureur du roi, ouï en ses conclusions, ordonnons que lesdites lettres et règlements seront présentement lues et publiées, l'audience tenant, et enregistrées au greffe de ce siége, pour être exécutées selon leur forme et teneur, publiées à son de trompe et cris publics dans tous les carrefours et lieux accoutumés, imprimées, publiées et affichées, ainsi que notre présente ordonnance, dans toutes les villes, bourgs, villages et communautés de notre ressort et dans l'étendue desquels nous avons la connaissance des cas royaux pour y être exécutés selon leur forme et teneur, à la diligence du procureur du roi.

En conséquence, ordonnons que l'assemblée des trois Etats de ce bailliage se tiendra par nous, ou en notre absence par notre lieutenant-général, le 10 mars prochain, à huit heures précises du matin, que tous ceux qui ont ou qui auront droit de s'y trouver, seront tenus de s'y munir de leurs titres et pouvoirs, et qu'il sera procédé à la convocation desdits trois Etats dans la forme et manière qui suit :

1° Qu'à la requête du procureur du roi, le sieur Evêque de Soissons, les abbés séculiers ou réguliers, les chapitres, corps et communautés ecclésiastiques rentés, réguliers ou séculiers des deux sexes, les prieurs, les curés, les commandeurs et généralement tous les bénéficiers, et que tous les ducs, pairs, marquis, comtes, barons, châtelains, et généralement tous les nobles possédant fiefs dans l'étendue de ce bailliage, seront assignés par un huissier royal au principal manoir de leurs bénéfices et fiefs, pour comparaître, savoir : les chapitres, corps et communautés ecclésiastiques, par des députés de l'ordre du clergé, dans la proportion déterminée par les articles 10 et 11 du règlement de S. M., et tous les bénéficiers, ainsi que tous les nobles possesseurs de fiefs, en personne ou par procureurs de leur ordre, à ladite assemblée générale, aux jour et heure ci-dessus indiqués.

2° Que tous les curés qui sont éloignés de plus de deux lieues de la présente ville seront tenus de se faire représenter par procureurs fondés de leur ordre, à moins qu'ils n'aient un vicaire ou desservant, résidant dans leur cure, auxquels vicaire ou desservant nous défendons de s'absenter pendant le temps nécessaire auxdits curés pour se rendre à ladite assemblée, y assister et retourner à leurs paroisses.

3° Que tous les autres ecclésiastiques engagés dans les ordres et tous nobles non possédant fiefs, ayant la noblesse acquise et transmissible, âgés de 25 ans, nés Français ou naturalisés et domiciliés dans notre ressort, suffisamment avertis par les publications, affiches et cri public, seront également tenus de se rendre en personne et non par procureurs à ladite assemblée, aux mêmes jour et heure, sauf et excepté les ecclésiastiques résidant dans les villes de notre ressort, lesquels seront tenus de se réunir chez le curé de la paroisse dans laquelle ils sont habitués ou domiciliés, au jour qu'il leur indiquera, pour y élire un ou plusieurs d'entre eux, conformément à l'art. 15 du règlement de S. M.

4º Qu'à la diligence dudit procureur du roi, les maires, échevins et autres officiers municipaux des villes, bourgs, villages et communautés situés dans toute l'étendue de notre ressort, seront incontinent sommés par un huissier royal en la personne de leurs greffiers, syndics, fabriciens, préposés aux autres représentants, de faire lire et publier au prône de la messe paroissiale, et aussi à la porte de l'église après ladite messe, au premier jour de dimanche qui suivra ladite notification, la lettre du roi, le règlement y joint et notre présente ordonnance, dont un imprimé sur papier libre, collationné et certifié par notre greffier sera joint à ladite notification. Il sera de plus remis par l'huissier autant d'imprimés qu'il y aura de paroisses, dans chaque ville, bourg, village ou communauté.

5º Qu'au jour le plus prochain et au plus tard huit jours après lesdites publications, tous les habitants du Tiers-Etat desdites villes, bourgs, paroisses et communautés de campagne, nés Français ou naturalisés, âgés de 25 ans, domiciliés et compris au rôle des impositions, seront tenus de s'assembler au lieu accoutumé, ou à celui qui leur aura été indiqué par les officiers municipaux, sans le ministère d'aucun huissier, à l'effet par eux de procéder d'abord à la rédaction du cahier des plaintes, doléances et remontrances que lesdites villes, bourgs et communautés entendent faire à S. M., et présenter les moyens de pourvoir et subvenir aux besoins de l'Etat, ainsi qu'à tout ce qui peut intéresser la prospérité du royaume et celle de tous et de chacun des sujets de S. M.; ensuite de procéder à haute voix à la nomination des députés dans le nombre déterminé par l'art. 34 dudit règlement, lesquels seront choisis entre les plus notables habitants qui seront chargés de porter ledit cahier à notre assemblée générale aux jour et heure ci-dessus indiqués.

6º Que dans la ville de Soissons, avant de procéder à l'assemblée générale de la communauté, il sera tenu des assemblées aux jour et heure indiqués par les officiers municipaux de toutes les corporations, corps et communautés, et de toutes les personnes du Tiers-Etat qui ne tiennent à aucune corporation, dans lesquelles assemblées particulières il sera fait choix d'un ou de plusieurs représentants chargés de se rendre à l'assemblée du Tiers-Etat de ladite ville, pour y concourir à la rédaction dudit cahier et à la nomination de députés dans la forme et au nombre prescrit par les art. 26 et 27 du règlement de S. M.

7º Que les certifications des publications ci-dessus ordonnées, seront relatées dans le procès-verbal qui sera dressé de l'assemblée qui aura eu lieu pour la rédaction des cahiers et la nomination desdits députés ; que ledit procès-verbal signé par l'officier public qui aura tenu l'assemblée et par son greffier, sera dressé en double minute, dont une sera déposée dans le greffe de la communauté, et l'autre remise aux députés en même temps que le cahier pour constater les pouvoirs desdits députés.

8° Que lesdits députés munis dudit procès-verbal et dudit cahier seront tenus de se rendre à notre assemblée générale aux jour et heure ci-dessus indiqués ; que tous les ecclésiastiques bénéficiers ou autres engagés dans les ordres sacrés, tous les nobles possédant fiefs, et tous ceux ayant la noblesse acquise et transmissible qui se seront rendus ledit jour en la présente ville, seront tenus de comparaître à ladite assemblée générale qui sera tenue par nous, en notre absence, par notre lieutenant-général.

9° Qu'à ladite assemblée il sera donné acte aux comparants de leur comparution, et défaut contre les non comparants ; qu'il sera procédé à la vérification des pouvoirs des députés et procureurs fondés, et ensuite à la réception dans la forme accoutumée du serment que feront tous les ecclésiastiques, tous les nobles et tous les membres du Tiers-Etat présents, de procéder fidèlement, d'abord à la rédaction d'un seul cahier, s'il est ainsi convenu par les trois ordres, ou séparément à celui de chacun desdits trois ordres ; ensuite à l'élection par la voie du scrutin de notables personnages au nombre et dans la proportion déterminés par la lettre de S. M. pour représenter aux Etats-Généraux les trois ordres de ce bailliage.

10° Que les ecclésiastiques et les nobles se retireront ensuite dans le lieu qui leur sera désigné par nous, ou par notre lieutenant-général, en notre absence, pour y tenir leurs assemblées particulières ; savoir : celle du clergé sous la présidence de celui à qui l'ordre hiérarchique la défère ; celle de la noblesse sous notre présidence, et en notre absence du plus âgé desdits nobles, jusqu'à ce qu'ils aient fait choix dans ladite assemblée d'un président ; que les députés du Tiers-Etat resteront dans la salle de l'assemblée (ou se retireront dans celle de l'auditoire de notre siége), sous la présidence de notre lieutenant-général.

11° Que dans l'assemblée des deux premiers ordres, il sera procédé d'abord à haute voix à l'élection d'un secrétaire, notre greffier devant en tenir lieu aux députés du Tiers-Etat ; ensuite à la délibération à prendre par les trois ordres séparément, pour décider s'ils procéderont conjointement ou séparément à la rédaction de leurs cahiers et à l'élection des députés pour les Etats-Généraux.

12° Qu'expédition en forme desdites délibérations nous sera remise et en notre absence à notre lieutenant-général, pour être ensuite par nous ou par lui ordonné que la rédaction du cahier et la nomination des députés seront faites en commun, si chacun des trois ordres l'a ainsi délibéré ; qu'audit cas il sera nommé par lesdits trois ordres des commissions pour la rédaction du cahier, dans lequel seront réunis et réduits tous les cahiers particuliers du Tiers-Etat de ce bailliage, et ensuite procédé à l'élection par voie du scrutin, des députés desdits trois ordres, au nombre et dans la proportion déterminés par la lettre de S. M.

13° Que dans le cas où, par la délibération des trois ordres, il aurait été résolu que la rédaction de leurs cahiers et l'élection de leurs députés seraient faites séparément, il sera nommé dans chacune des trois chambres des commissaires pour procéder à ladite rédaction, que chacun desdits cahiers signé par tous les commissaires, le président et le greffier nous sera remis pour être par nous délivré, et en notre absence par notre lieutenant-général, aux députés qui devront être élus; qu'il sera ensuite procédé à l'élection des députés de chacun desdits trois ordres, au nombre et dans la proportion déterminés par la lettre de S. M., réduction préalablement faite, s'il y a lieu, du nombre des électeurs de l'ordre, du tiers à celui de 200 ainsi qu'il est porté à l'art. 34 du règlement de S. M.

14° Qu'il nous sera remis, et en notre absence à notre lieutenant-général, copie en forme des trois procès-verbaux de l'élection desdits députés; que les trois ordres seront tenus de se rendre à notre assemblée générale aux jour et heure que nous indiquerons, ou, en notre absence, notre lieutenant-général, pour y assister à la prestation de serment, en la manière accoutumée, desdits députés; qu'il sera dressé procès-verbal de tous lesdits actes, ensemble des instructions et pouvoirs généraux et suffisants qui seront donnés auxdits députés, pour proposer, remonter, aviser et consentir tout ce qui peut concerner les besoins de l'Etat, la réforme des abus, l'établissement d'un ordre fixe et durable dans toutes les parties de l'administration, la prospérité générale du royaume et le bien de tous et de chacun des sujets du roi ; lequel procès-verbal restera déposé au greffe de notre siége, et trois copies dûment collationnées d'icelui seront remises auxdits députés, avec le ou les cahiers des trois Etats de ce bailliage, pour être par eux déposé au secrétariat de leur ordre respectif aux Etats.

Si mandons au premier huissier audiencier de ce siége ou autre huissier royal, sur ce requis, mettre ces présentes à exécution de point en point, de ce faire leur donnons pouvoir et sera notre présente ordonnance exécutée nonobstant opposition ou appellation quelconque.

Fait et ordonné en l'audience du bailliage, siége présidial de Soissons, par nous, André-Jean-Henri Charpentier, lieutenant-général, pour l'absence de M. le grand-bailly, assisté des officiers et magistrats dudit siége.

A Soissons, ce 20 février 1789.

Signé : WAUBERT, *greffier*.

En conséquence des précédentes ordonnances, la compagnie des notaires de Soissons, réunie le 7 mars 1789, et composée de Mes Charré; Louis Lecompte, doyen ; Jean-Charles-Louis Crespeaux; Pierre-Antoine Patté; Antoine Rigaux; Adrien Moreaux; Antoine Bricongne; Jean-Louis Paillet; Louis-Alexandre Bedel ; Parfait-Jean Desèvre et Jean-Félix Simon ; Amable Asselin, secrétaire, nomme Mes Bricongne et Paillet, leurs représentants « à l'assemblée du Tiers-Etat qui doit se tenir en l'Hôtel-Ville, dans les formes ordinaires, et là, concourir avec les autres membres de ladite assemblée à la rédaction de leur cahier de doléances, plaintes et remontrances, et après la rédaction dudit cahier, concourir pareillement à l'élection des députés qui seront chargés de porter ledit cahier à l'assemblée qui sera tenue par M. le bailly ou M. le lieutenant-général de Soissons, le 10 mars 1789 ; donner auxdits députés tous pouvoirs généraux et suffisants de proposer, remontrer, aviser et consentir tout ce qui peut concerner les besoins de l'Etat, la réforme des abus, l'établissement d'un ordre fixe et durable dans toutes les parties de l'administration, la prospérité du royaume et le bien de tous et de chacun des sujets du roi, promettant lesdits sieurs agréer et approuver tout ce que lesdits députés qui seront nommés auront fait, délibéré et signé en vertu des présentes, de la même manière que si lesdits comparants y avaient assisté en personne. »

Fait et délibéré les jour et an susdits.

(Registre des délibérations des Notaires de Soissons.)

Procès-verbal de l'assemblée du Tiers-Etat du bailliage de Soissons, tenue par les Etats-Généraux de 1789.

L'an 1789, le mardi 10 mars, huit heures du matin, nous, Jean-Baptiste de Beffroy, chevalier, seigneur, etc., chevalier de l'ordre royal et militaire de Saint-Louis, ancien premier capitaine de grenadiers du régiment d'Orléans, grand-bailly provincial et perpétuel de Soissons et pays Soissonnais, et (A) André-J.-Henri Charpentier, écuyer, conseiller du roi et de S. A. S. Mgr le duc d'Orléans, lieutenant-général au bailliage, siége présidial de Soissons, en vertu de notre ordonnance du 20 janvier dernier, rendue sur le réquisitoire du procureur du roi, nous sommes transportés avec M. Charles-Jérôme-Laurent Vernier, procureur du roi de ce bailliage, accompagné de Me Claude-François Waubert, greffier en chef de ce siége, en la salle des audiences dudit bailliage, pour procéder à l'exécution de la lettre du roi, du 24 février 1789, pour la convocation des Etats-Généraux ordonnée par S. M., être tenue le 27 avril de la présente année en la ville de Versailles, et du règlement du même jour fait et arrêté par le roi, en son conseil, pour l'exécution desdites lettres de convocation, lesdites lettres et règlement signés Louis et plus bas Laurent de Villedeuil. Où étant arrivés nous avons trouvé assemblés les députés des trois ordres de ce bailliage, le clergé, la noblesse et le Tiers-Etat, et lesdits députés étant placés, et ouï sur ce le procureur du roi en ses conclusions, nous avons ordonné que préalablement, lecture serait faite par notre greffier de ladite lettre du roi, du règlement y annexé et de notre ordonnance du vingt février dernier; après laquelle lecture nous avons fait faire l'appel des députés desdits trois ordres et d'abord

De l'Ordre du clergé, etc.

Ordre de la noblesse, etc.

Ordre du Tiers-Etat.

La ville de Soissons, représentée par MM. Labouret, président du présidial ; Brayer, lieutenant-général de police ; Gouillard, procureur du roi du bureau des finances ; Mennesson, président-trésorier de France honoraire et échevin ; Brayer-Pinton, marchand épicier, échevin ; Chevalier, procureur ; Lecercle, marchand de blé ; et Pourcelle l'aîné, marchand orfèvre, tous députés.

La paroisse de Bucy, représentée par M. Dutour de Noirfosse, chevalier de Saint-Louis, inspecteur-général de maréchaussée ; Christophe Ferté, maire et syndic de la paroisse ; Pierre-Charles Culot, laboureur ; et Pierre Geveshomme, tonnelier et vigneron, etc.

Faisant droit sur les conclusions du procureur du roi, nous avons à tous les députés comparants donné acte de leur comparution et nous avons donné défaut contre les non comparants, et en conséquence ordonné qu'il sera à l'instant procédé à l'appel et vérification des pouvoirs des députés et des procureurs fondés et ensuite à la réception du serment de chacun d'eux. A quoi, lesdits députés comparants et procureurs fondés ayant obtempéré ils ont apporté leurs pouvoirs et procurations, que nous avons vérifiés et trouvés réguliers, suffisants et revêtus des formalités requises ; après quoi avons pris et reçu des députés et procureurs fondés présents, séparément, par ordre, le serment en la manière accoutumée, sous lequel ils ont juré et promis de procéder fidèlement d'abord à la rédaction du cahier général des plaintes et doléances et des moyens et avis qu'ils auront à proposer en l'assemblée générale des Etats ; et ce fait, d'élire, choisir et nommer pour lesdits Etats le nombre de députés prescrits par le règlement. Après quoi, nous avons reçu les cahiers des plaintes, remontrances et doléances des députés, pour être remis ensuite aux commissaires, et après la rédaction, le tout être remis et déposé au greffe du bailliage, ensemble les procurations, après qu'elles auront été de nous paraphées *ne varietur*.

Après laquelle prestation de serment, il se serait élevé des prétentions respectives sur la préséance entre les députés du chapitre de l'église cathédrale de Soissons, le prévôt, l'archidiacre et le trésorier de ladite église et deux abbés commendataires des abbayes de Saint-Crépin le Grand et de Saint-Ived de Braine. Sur quoi nous avons donné acte aux parties de leurs réclamations respectives ; en conséquence ordonné que la décision de la difficulté entre eux serait remise au premier jour, pendant lequel temps lesdites parties instruiront respectivement par de simples mémoires leurs prétentions pour être à nous remis et être par nous provisoirement statué ; et cependant qu'en attendant la décision, les députés du chapitre et les prévôts et dignitaires garderont la même séance et les places qu'ils ont occupées dans la matinée de cejourd'hui.

Après quoi (B) avons ordonné, sur la demande

desdits trois ordres, qu'ils se retireraient chacun dans des chambres particulières, savoir : l'ordre du clergé dans la salle de l'Evêché de Soissons, l'ordre de la noblesse dans la salle de l'hôtel commun de la ville, et que le Tiers-Etat resterait dans l'auditoire de ce siége, à l'effet de délibérer s'ils entendaient convenir et se réunir pour la rédaction de leurs cahiers, pour, sur ce fait et rapporté, être par nous ordonné ce qu'il appartiendra. Et sur le rapport (C) fait par lesdits trois ordres qu'ils entendaient rédiger leurs cahiers séparément et chaque ordre dans sa chambre, nous avons ordonné que lesdits trois ordres nommeraient dans chaque chambre des commissaires pour travailler, au nombre qu'ils jugeraient à propos de choisir, à la rédaction des cahiers qui leurs seraient remis par leur ordre, lesquels cahiers seraient définitivement arrêtés dans l'assemblée de l'ordre. Lesquels (D) commissaires nous avons invités à rédiger lesdits cahiers avec le plus de précision et de clarté qu'il sera possible, et les députés à leur donner des pouvoirs généraux et suffisants pour proposer, remonter, aviser et consentir, ainsi qu'il est porté aux lettres de convocation; auxquels commissaires enjoignons, d'après l'article 44 du règlement, de vaquer à la rédaction des cahiers sans interruption ni délai, et de faire arrêter aussitôt que leur travail sera fini, les cahiers de chaque ordre dans l'assemblée de leurs ordres respectifs; laquelle nomination desdits commissaires serait faite à haute voix; et lesdits députés s'étant retirés, et l'assemblée ayant duré jusqu'à deux heures et demie, nous avons prorogé ladite assemblée à ce jourd'hui, deux heures et demie de relevée, 10 mars 1789, et avons signé. Signé : DE BEFFROY, CHARPENTIER, VERNIER et WAUBERT.

Et ledit jour, 10 mars 1789, cinq heures de relevée, nous, lieutenant-général au bailliage de Soissons, chargé seul et honoré par le règlement de la présidence de l'assemblée de l'ordre du Tiers-Etat, nous nous sommes transporté en l'auditoire de ce siége, où étant arrivé, assisté du procureur du roi et du greffier de ce bailliage, et les députés ayant pris place, le procureur du roi a dit qu'il s'était répandu dans le public (E) un exemplaire intitulé : *Avis important*, sans nom d'imprimeur, ni permission d'imprimer ; que cet avis paraissait avoir pour but de la part des auteurs de faire illusion et d'écarter les personnes qui pourraient concourir avec eux pour les places de députés, commissaires et autres, duquel imprimé il requérait la suppression. Sur quoi, faisant droit, nous ordonnons que ledit imprimé sera et demeurera supprimé, et avons invité les députés à n'avoir aucun égard à cet écrit dans le choix des commissaires et autres. Après quoi, les députés nous ayant représenté qu'il serait avantageux de nommer (F) 35 commissaires pour l'ordre du Tiers-Etat, dans les différents états et conditions dudit ordre, et que, pour éviter toute confusion à cet égard, il conviendrait de nommer sept personnes pour aviser aux moyens de fixer le nombre des députés convenable et de les distribuer entre les habitants de la ville de Soissons et les habitants de la campagne, laboureurs, vignerons et manouvriers, nous avons nommé sept personnes, sur le rapport et l'avis desquelles nous avons ordonné définitivement, du consentement desdits députés, qu'il serait nommé 35 commissaires pour la rédaction des doléances, remontrances et plaintes des différentes paroisses et communautés, savoir : 5 commissaires pris dans la ville de Soissons, et 30 en proportion, autant qu'il sera possible, entre les habitants des villes autres que celle de Soissons, et parmi les laboureurs, vignerons et manouvriers des villes, bourgs et campagnes, dans lesquels commissaires (G) ne pourront être nommés ceux des habitants de Soissons actuellement chargés de la procuration de quelques paroisses de campagne, lesquels commissaires néanmoins se réuniront pour travailler entre eux sur les différentes matières, et pour parvenir avec plus d'ordre au choix important desdits commissaires; nous avons prorogé l'assemblée à demain, huit heures du matin, auxquels jour et heure les députés des paroisses et communautés rédigeront séparément leurs suffrages, seront ensuite rappelés et rapporteront (H) par écrit les états des personnes qu'ils auront nommées pour commissaires, lesquels états seront lus à haute voix; et avons signé avec le procureur du roi et notre greffier. Signé : CHARPENTIER, VERNIER et WAUBERT.

Et ledit jour, mercredi, 11 mars 1789, nous, lieutenant-général susdit, nous sommes transporté, assisté du procureur du roi et du greffier, en l'auditoire de ce siége, où étant arrivé et les députés ayant pris place, il a été, en conséquence de l'ordonnance du jourd'hui (I), procédé à haute et intelligible voix à la nomination faite par les députés des 35 commissaires, savoir : 5 pour la ville de Soissons, lesquels ont été MM. Labouret, président du présidial ; Brayer, lieutenant-général de police ; Vernier (K), procureur du roi ; Moilin, avocat, et Fiquet, procureur ; et les trente autres entre les habitants des villes autres que celle de Soissons, laboureurs, vignerons et manouvriers des villes, bourgs et campagnes, lesquels ont été composés de : MM. Archain, vigneron à Villeneuve ; Baclet, laboureur à Droizy ; Toupet, laboureur à Vauxcastille ; Duchêne, laboureur à Maison-Bleue, paroisse de Cuisy en Almont ; Hutin, laboureur à Armentières ; Tranchant, propriétaire à Neuilly Saint-Front ; Vallerand, laboureur à Latilly ; Lubin, laboureur à Berny-Rivière ; Lolliot, laboureur au Petit-Bieuxy ; Roguin, notaire à Vic sur Aisne ; Dorchy, laboureur à Puiseux ; Lemaire, laboureur à Cœuvres ; Henry, laboureur à Bitry ; Marminia, notaire à Ambleny ; Calland, laboureur à Courmelles ; Lemaire, maître de postes aux Vertes-Feuilles, paroisse de Saint-Pierre Aigle ; Flobert, laboureur à Saponay ; Leroux, laboureur à Quincy ; Ferté, laboureur à la ferme du Pavillon, paroisse d'Acy ; Lhote, laboureur à Barbonval ; Clément, notaire à Coulonges ; Petiteau, notaire à Braine ; Liance, laboureur à Pontarcy ; Largnier, vigneron à Vasseny ; Dutour de Noirfosse, maître de camp de cavalerie, inspecteur-général de maréchaussée; Lelarge, arpenteur à Missy; Sampité, vigneron à Clamecy; Wigner, notaire à Vailly; Varlet, marchand à Vailly; et Flobert, laboureur à Mennejean; lesquels nous invitons et néanmoins leur enjoignons, en vertu du règlement, de travailler sans délai et sans discontinuation à la rédaction des cahiers des remontrances, doléances et plaintes des paroisses de notre ressort, lesquels leur ont été actuellement remis, et de nous avertir du jour où leur travail pourrait être fini et la rédaction desdits cahiers arrêtée dans l'assemblée de leur ordre. Lesquels commissaires nous ont déclaré qu'après s'être concertés avec l'ordre du clergé et celui de la noblesse, par les députés qu'ils leur avaient envoyés, ils avaient lieu de présumer que leur travail serait fini et la rédaction des cahiers arrêtée le mercredi 18 du présent mois; de laquelle déclaration nous avons informé les députés toujours assemblés, et leur avons enjoint de se rendre en cet auditoire ledit jour, mercredi 18 de ce mois, huit heures précises du matin, jour et heure auxquels les députés du clergé et de la noblesse devaient se rendre pour l'assemblée générale. Et (L) le sieur Gouillard, l'un des procureurs du roi au bureau des finances et l'un des députés, étant entré au moment où on était occupé du choix des commissaires, aurait dit qu'il demandait la permission de lire (M) un discours qu'il avait disposé relativement à l'objet de l'assemblée, que nous et le procureur du roi ne devant pas y être considérés comme juges, mais simplement comme commissaires, il demandait directement cette permission aux députés assemblés, ajoutant que chaque citoyen avait droit de parler ; que deux brigades de maréchaussée qu'il avait aperçues, partie dans l'auditoire et partie en dehors, lui paraissaient gêner la liberté des suffrages et devaient se retirer. A quoi les députés assemblés ont dit unanimement et sans aucune contrariété que s'ils avaient droit d'accorder au sieur Gouillard la permission qu'il leur avait demandée, ils lui déclaraient qu'ils ne voulaient point entendre la lecture du mémoire qu'il annonçait ; qu'ensuite le sieur de Noirfosse, inspecteur général de la maréchaussée et l'un des députés, nous a demandé acte de la dénonciation qu'il nous faisait de l'insulte faite à la maréchaussée et à lui personnellement, comme commandant de droit ladite maréchaussée, en sa qualité d'inspecteur général, et qu'il plût aux députés de déclarer si ses brigades de maréchaussée avaient, par leur conduite, gêné leurs suffrages, ou si, au contraire, elles n'avaient été occupées que du soin de maintenir l'ordre et de faciliter les opérations, autant qu'il leur a été possible. Sur quoi les députés, par acclamation, ont déclaré (N) unanimement que les brigades de maréchaussée n'avaient en aucune sorte gêné par leur présence, ou autrement, la liberté des suffrages, et qu'elles n'avaient cherché qu'à se rendre utiles et à faciliter le cours des opérations. Sur quoi, ouï le procureur du roi en ses conclusions, nous avons enjoint au sieur Gouillard de s'abstenir de la lecture du mémoire qu'il annonçait, et ordonné (O) que les deux brigades de maréchaussée resteraient dans l'auditoire et au dehors, ainsi qu'elles y étaient placées, jusqu'à la fin de l'assemblée, et les avons autorisées à prendre les mêmes positions et faire les mêmes fonctions dans les assemblées ultérieures, jusqu'à ce que les opérations soient terminées, et avons prorogé l'assemblée audit jour, mercredi 18 du présent mois, huit heures précises du matin, et avons signé.— Signé : CHARPENTIER, VERNIER et WAUBERT.

Et ledit jour, mercredi 18 du présent mois de mar 1789, huit heures du matin, l'auditoire s'étant trouvé trop étroit et incommode pour les opérations ultérieures, nous, lieutenant-général au bailliage de Soissons, assisté du procureur du roi et de M° François-Adrien Liebert, procureur au bailliage de cette ville, que nous avons pris et commis pour l'indisposition du greffier ordinaire, après avoir de lui pris et reçu le serment en la manière accoutumée, sous lequel il a juré de bien et fidèlement s'acquitter de ses fonctions, nous sommes transporté en l'église de l'abbaye royale de Saint-Jean-ès-Vignes de Soissons, où nous avons trouvé le Tiers-Etat assemblé, et M. de Noirfosse, inspecteur-général de la maréchaussée et l'un des députés, nous a représenté le billet (P) signé de M. le grand-bailly, par lequel il le requérait de donner des ordres à la maréchaussée de faire trouver une brigade pour empêcher d'entrer dans l'église ceux qui n'y auraient aucun droit de séance, maintenir le bon ordre et faciliter le cours des opérations. Sur quoi, nous avons ordonné qu'il sera fait lecture dudit billet et qu'il serait annexé à notre procès-verbal. Après quoi (Q) MM. Brayer, lieutenant de police, et Gouillard, procureur du roi du bureau des finances, se sont levés et ont dit (R) qu'ils protestaient contre toutes les opérations qui avaient été faites jusqu'à ce jour, et qui pourraient se continuer dans l'assemblée du Tiers-Etat, en ce que M. le procureur du roi n'avait pas le droit de les requérir, ni même d'assister à ladite assemblée, et que nous n'avions pas eu celui d'y faire les fonctions de juge, et par conséquent de rien ordonner, mais seulement de présider ladite assemblée ; qu'il requérait également que la maréchaussée se retirât, parce qu'elle gênait la liberté, ainsi que les huissiers, parce que cela avait l'air d'une juridiction ; sur quoi nous avons consulté (S) l'assemblée à l'effet de savoir si elle acquiesçait aux dires et protestations de MM. Brayer et Gouillard, et avons engagé tous les députés de ladite assemblée à manifester leur opinion à cet égard par le signe ostensible de lever la main ; mais bien loin par aucun des membres de l'assemblée de donner aucun signe d'approbation à la motion de MM. Brayer et Gouillard, tous au contraire par acclamation ont déclaré à haute voix qu'ils improuvaient ces protestations, qu'ils nous priaient de continuer nos opérations, et ont ajouté qu'ils voyaient avec plaisir la maréchaussée qui, bien loin de gêner leurs suffrages, facilitait au contraire les opérations par l'utilité dont elle était. En conséquence, nous avons donné acte à mesdits sieurs

Brayer et Gouillard de leurs protestation et réquisition et sans autrement nous arrêter, ni y avoir égard, nous avons ordonné qu'il serait procédé à la continuation des opérations de ladite assemblée, sauf à mesdits sieurs Brayer et Gouillard à se pourvoir sur leurs dites protestations, ainsi qu'ils aviseront et suivant le règlement.

Ce jugement prononcé, nous avons demandé (T) aux députés assemblés s'ils y acquiesçaient, à quoi tous ont répondu par acclamation qu'ils Á adhéraient, et à l'instant MM. Brayer et Gouillard ont dit : Que ne voyant aucune liberté dans l'assemblée, ils allaient se retirer et dresser procès-verbal de ce qui venait de se passer, et qu'ils tâcheraient de rendre les faits le plus exactement qu'ils pourraient; et après leur retraite, l'assemblée a continué ses opérations jusqu'à midi, en faisant l'appel des députés des paroisses, et désignant les trois plus anciens d'âge pour veiller à la nomination des scrutateurs; et l'assemblée a été prorogée jusqu'à quatre heures de relevée de ce même jour, après avoir aussi nommé huit députés pour aller sur-le-champ complimenter Messieurs de l'ordre du clergé et de la noblesse, chacun dans leur chambre. Et avons signé avec le procureur du roi et notre greffier commis. Signé : CHARPENTIER, VERNIER et LIÉBERT.

Et ledit jour, quatre heures de relevée, nous, lieutenant-général au bailliage, nous étant rendu en ladite église de Saint-Jean avec le procureur du roi, nous avons trouvé les députés du Tiers-État assemblés, à la tête desquels était M. Labouret, président du présidial, qui a rendu compte de la manière honnête dont la députation avait été reçue dans la matinée par les deux ordres ; après quoi , MM. les députés de l'ordre du clergé ont été annoncés et introduits; M. le doyen de la cathédrale étant à la tête et portant la parole, a complimenté l'assemblée. Cette députation a été reconduite par un grand nombre de députés jusqu'à la grille et porte extérieure de la maison de Saint-Jean.

Les députés étant de retour, et comme le secrétaire allait commencer la lecture du règlement , relativement à la nomination des scrutateurs , sont entrés MM. Brayer et Gouillard (V), accompagnés de Me Charré, notaire, et de deux témoins, et M. Brayer, portant la parole, a dit en s'adressant à nous et nous annonçant que c'était comme président et non comme juge :
« Nous nous sommes retirés ce matin dans une
« maison libre, et nous y avons fait dresser par
« un notaire, assisté de deux témoins, procès-
« verbal de ce qui s'est passé à la séance de ce
« matin; nous demandons la permission à l'as-
« semblée de faire faire lecture dudit procès-
« verbal et de recueillir les voix sur son con-
« tenu. » Sur quoi, nous leur aurions répondu que s'ils avaient quelques observations à faire, ils pouvaient communiquer le mémoire qui les contiendrait, à l'effet d'être examiné et de leur rendre la réponse demain matin, après en avoir rendu compte à l'assemblée et pris sur ce son avis. Sur quoi, M. Brayer a répliqué qu'ils n'avaient aucun mémoire à présenter, qu'ils insistaient sur la lecture de leur procès-verbal, qui

contenait réquisition de leur part, à ce que sur l'objet de leurs protestations, la décision de la contestation fut déférée à M. le grand-bailli assisté de quatre députés du clergé, quatre de la noblesse et huit du Tiers-Etat, dont quatre du Tiers-Etat seraient choisis par eux et quatre par l'assemblée; à quoi nous leur aurions répondu que, suivant le règlement, cet expédient ne pouvait être adopté que pour les difficultés qui s'élèveraient dans l'ordre du clergé et de la noblesse, que nous ne pouvions pas nous abstenir de connaître d'une difficulté qui nous était nommément attribuée par le règlement et en déférer la connaissance à M. le grand-bailly qui n'en avait pas le droit (V); et nous avons insisté sur la présentation d'un mémoire. A quoi ils se sont refusés et se sont retirés, en disant qu'ils allaient faire insérer dans leur procès-verbal notre réponse. Après quoi, nous avons continué les opérations commencées dans la matinée, jusqu'à huit heures du soir, et avons prorogé l'assemblée à demain jeudi, 19 de ce mois, huit heures du matin, après avoir fait faire lecture de nos procès-verbaux (X) et requis les députés de l'assemblée de nous déclarer s'ils reconnaissaient la vérité des faits qui y étaient insérés; tous par acclamation ont déclaré qu'ils en reconnaissaient la véracité et y ont adhéré, et avons signé avec le procureur du roi et notre greffier commis, signé : CHARPENTIER, VERNIER et LIÉBERT.

Et ledit jour, jeudi 19 mars, huit heures du matin, nous, lieutenant-général susdit, nous nous sommes transporté en l'église de Saint-

Jean-ès-Vignes de Soissons, assisté du procureur du roi et dudit M⁰ Liébert, où nous avons trouvé les députés assemblés et après avoir fait faire lecture des articles du règlement concernant la forme de procéder à la nomination des scrutateurs, et l'avoir observé exactement, MM. Labouret, président du présidial; Ferté, fermier de la ferme du Pavillon; et Lemaire, de Cœuvres, ont été nommés scrutateurs à la grande pluralité des voix, et les billets du premier scrutin ont été incontinent brûlés, et pour les opérations ultérieures avons prorogé l'assemblée à cejourd'hui, quatre heures de relevée, et avons signé avec le procureur du roi et notre greffier-commis, signé : CHARPENTIER, VERNIER et LIÉBERT.

Et ledit jour, quatre heures de relevée, nous, lieutenant-général, nous sommes transporté avec le procureur du roi et ledit M⁰ Liébert, en ladite église de Saint-Jean-ès-Vignes, où nous avons trouvé les députés assemblés, et mesdits sieurs Labouret, Ferté et Lemaire, scrutateurs nommés à la séance de cejourd'hui matin, s'étant placés au bureau, sur lequel était le vase destiné à recevoir les billets, ils ont d'abord déposé leurs billets d'élection du premier député, après quoi ils ont surveillé au dépôt fait par les députés, ostensiblement, et l'un après l'autre, de leurs billets d'élection; ensuite il a été procédé par eux au compte et recensement desdits billets qui se sont trouvés monter au nombre de 290, lequel s'est trouvé exactement conforme à celui des suffrages ou des votants présents. Après quoi, il a été procédé par les trois scrutateurs à l'ouverture et à la lecture à voix basse des billets d'élection, d'après laquelle ils nous ont rapporté que le sieur Jean-Pierre Ferté, propriétaire de la ferme du Pavillon, paroisse d'Acy, et fermier des terres y adjacentes, a été nommé député pour assister pour le Tiers-Etats aux Etats-Généraux prochains, à la grande pluralité de 206 voix sur 290, laquelle députation ledit sieur Ferté a acceptée, et lesdits scrutins ont été incontinent brûlés, et avons prorogé l'assemblée à demain vendredi, huit heures du matin, et a ledit sieur Ferté, signé avec nous, le procureur du roi et ledit Mᵉ Liébert, signé : Ferté, Charpentier, Vernier et Liébert.

Et ledit jour vendredi, 20 mars audit an, huit heures du matin, nous, lieutenant-général susdit, nous sommes transporté en ladite église de Saint-Jean-ès-Vignes de Soissons, assisté du procureur du roi, où nous avons trouvé les députés assemblés, et après avoir fait faire lecture des articles du règlement concernant la nomination des députés aux Etats-Généraux. MM. Labouret, Lemaire, de Cœuvres, et Ferté, fermier du Pavillon, nommés scrutateurs dans la séance du jour d'hier, s'étant placés au bureau sur lequel était le vase destiné à recevoir les scrutins, il a été procédé à la nomination du second député. A cet effet, les trois scrutateurs ont d'abord déposé leurs billets d'élection dans ledit vase; ensuite ils ont surveillé au dépôt fait par les députés ostensiblement, et l'un après l'autre, de leurs billets d'élection. Après quoi, il a été procédé par eux au compte et recensement des billets qui se sont trouvés monter au nombre de 293 ; lequel s'est trouvé exactement conforme à celui des suffrages ou des votants présents ; ce fait, il a été procédé par les trois scrutateurs à l'ouverture et à la lecture à voix basse des billets d'élection, d'après laquelle ils nous ont rapporté qu'aucune des personnes désignées dans lesdits billets d'élection n'avait réuni la moitié des voix. Et sur ce, ouï le procureur du roi, nous avons ordonné qu'en conformité du règlement, il serait à l'instant procédé à autre et nouveau scrutin, pour la nomination du député dont il s'agit, et les billets ont été incontinent brûlés. Et à l'instant, les députés nous ayant prié de continuer et obtempérant à leur demande, il a été sur-le-champ procédé à ladite élection, suivant la forme du règlement. En conséquence, les scrutateurs s'étant placés au bureau, sur lequel était le vase destiné à recevoir les billets, ils ont d'abord déposé leurs billets d'élection du second député ; après quoi, ils ont surveillé au dépôt fait par lesdits députés, ostensiblement et l'un après l'autre, de leurs billets d'élection. Ce fait, il a été procédé par eux au compte et recensement des billets qui se sont trouvés monter au nombre de 289, lequel s'est trouvé exactement conforme à celui des suffrages ou des votants présents. Après quoi, il a été procédé par les trois scrutateurs à l'ouverture et à la lecture à voix basse des billets d'élection, d'après laquelle ils nous ont rapporté que Me Charles Fabio Brocheton, avocat au Parlement, demeurant à Soissons, conseiller du roi, et lieutenant en l'élection dudit Soissons, a été nommé second député pour assister pour le Tiers-Etat aux Etats-Généraux prochains, à la grande pluralité de 157 voix sur 289, laquelle nomination ledit Me Brocheton, sur l'avertissement qui vient de lui être donné, s'étant rendu à l'assemblée, a accepté et a signé avec nous. Les billets de laquelle élection ont été incontinent brûlés. Signé : BROCHETON, CHARPENTIER, VERNIER et LIÉBERT.

En conséquence de l'acceptation faite par mesdits sieurs Ferté et Brocheton, nous les avons déclarés députés du Tiers-Etat à l'assemblée des Etats-Généraux prochains. Et sur ce que Messieurs du clergé et de la noblesse nous ont fait informer que cejourd'hui, à quatre heures de relevée, ils se rendront à la nef de Saint-Jean-ès-Vignes, lieu de notre assemblée, pour faire la clôture des Etats, nous avons ordonné que le Tiers-Etat se rassemblerait, et avons prorogé l'assemblée à cejourd'hui, à quatre heures de relevée, à l'effet de recevoir l'honneur qui leur est fait par Messieurs du clergé et de la noblesse; et sur la demande des députés, nous avons ordonné qu'il sera remis aux députés aux Etats-Généraux les cahiers des remontrances, plaintes et doléances dudit Tiers-Etat, ensemble la rédaction faite par les commissaires desdites doléances, remontrances et plaintes, et avons auxdits députés donné acte de la déclaration (Y) par eux présentement faite qu'ils donnaient aux députés aux Etats-Généraux les pouvoirs généraux et suffisants pour proposer, remontrer, aviser et consentir tout ce qui peut concerner les besoins de l'Etat, la réforme des abus, l'établissement d'un ordre fixe et durable dans toutes les parties de l'administration, la prospérité générale du royaume, et le bien de tous et chacun en particulier, suivant la lettre de convocation de S. M., du 24 janvier dernier; ce que lesdits députés aux Etats-Généraux ont accepté sous le serment par eux à l'instant prêté de bien et fidèlement s'acquitter (Z) de leur commission et de faire tout ce qui sera en eux pour procurer, autant qu'il sera possible, tous les avantages aux députés du Tiers-Etat du bailliage de Soissons. Après quoi, nous avons clos notre présent procès-verbal, dont nous avons remis (AA) un double aux députés aux Etats-Généraux, et avons signé avec eux, le procureur du roi et ledit Me Liébert, greffier-commis. Signé : FERTÉ, BROCHETON, CHARPENTIER, VERNIER et LIÉBERT.

Le vendredi 20 mars 1789, quatre heures de relevée, sont comparus devant nous, grand-bailli de Soissons, assisté du lieutenant-général de ce siége, de M. le procureur du roi et de Me Liébert, substitut du greffier de ce bailliage, MM. les députés de l'ordre du clergé, MM. les députés de l'ordre de la noblesse et MM. les députés de l'ordre du Tiers-Etat, tous composant l'assemblée générale des trois ordres de ce siége, lesquels nous ont dit qu'ils avaient séparément procédé à la rédaction de leurs cahiers, et consigné dans un procès-verbal les délibérations prises dans les assemblées particulières de leurs ordres, desquels procès-verbaux et cahiers, ensemble de la procuration donnée par lesdits ordres aux députés qu'ils ont choisis pour leurs représentants, ils nous ont présenté deux doubles, l'un pour être par nous remis à leurs députés aux Etats-Généraux, et l'autre pour être annexé à la minute de notre présent procès-verbal. MM. les députés de la noblesse en particulier nous ont représenté une lettre de S. A. S. Mgr le duc d'Orléans, adressée par ce prince à nous, grand-bailli, en date du 15 mars présent mois, nous demandant qu'elle fût annexée à la procuration de sadite A. S. à laquelle elle était relative ; ce qui a été par nous octroyé ; nous requérant MM. les députés des trois ordres de leur donner acte : 1° De la remise qu'ils nous ont présentement faite des deux doubles de leurs procès-verbaux, cahiers et procurations ; 2° de ce qu'ils nous ont déclaré que l'ordre du clergé a nommé pour son député aux Etats-Généraux la personne de M. Delaître, curé de Berny-Rivière, et pour le suppléer aux Etats-Généraux en cas d'absence ou légitime empêchement, M. Delabat, prieur de Saint-Léger de Soissons ; 3° de ce que l'ordre de la noblesse a nommé pour son député aux Etats-Généraux, la personne de M. le comte d'Egmont, comte de Braine, etc., et pour le suppléer en cas d'absence ou légitime empêchement, M. Dujay, seigneur du Grand-Rozoy en partie ; 4° de ce que l'ordre du Tiers-Etat a nommé pour ses députés aux Etats-Généraux, M. Brocheton, avocat en Parlement et au bailliage, siége présidial de Soissons, et M. Ferté, propriétaire de la ferme du Pavillon, paroisse d'Acy, nous requérant encore de recevoir le serment de leurs dits députés et suppléants, tous présents, sur quoy, ouï le procureur du Roy, nous avons donné acte aux trois ordres de la remise à nous faite des doubles de leurs cahiers, procurations et procès-verbaux respectifs pour l'un desdits doubles demeurer annexé à la minute du présent procès-verbal; nous avons ensuite reçu de MM. les députés et suppléants des trois ordres le serment en tel cas requis et leur avons remis l'autre double des procès-verbaux, cahiers et procurations de leurs ordres respectifs. Après quoi ayant demandé et fait demander par notre greffier, à haute et intelligible voix, si quelqu'un de l'assemblée avait quelque pétition à faire et avoir attendu un temps pour nous assurer qu'il n'y avait lieu à aucune pétition nouvelle ou réclamation, nous avons clos et arrêté notre présent procès-verbal, et se sont MM. les députés des trois ordres retirés, en se donnant mutuellement des marques de la plus grande satisfaction (BB). Signé : de Beffroy ; Charpentier ; Delaître, curé de Rivière ; Delabat, le comte d'Egmont, Dujay, Ferté, Brocheton, Vernier et Liébert.

Délivré par nous greffier du bailliage de Soissons soussigné, signé : WAUBERT.

Note placée par M. Fiquet à la suite du procès-verbal ci-dessus.

NOTA. — Le 11 mars 1789, on forma cinq bureaux pour la rédaction des cahiers du bailliage, chaque bureau présidé par l'un des cinq commissaires de la ville et composé de sept membres.

Le mien était composé de MM. Clément, notaire à Coulonges; Petiteau, notaire à Braine; Varlet, marchand à Vailly; Varlet, laboureur à Mennejean, paroisse de Nampteuil la Fosse; Leroux, laboureur à Quincy, près Braine; et Lhote, laboureur à Barbonval.

Les cahiers furent distribués entre les cinq bureaux, le mien en avait trente-cinq.

Notes placées par M. Fiquet en marge du procès-verbal ci-dessus.

A. Séance présidée par le grand bailly et le lieutenant-général qui ne devait pas y être, puisque le réglement, art. 40, dit : Le bailly *ou* son lieutenant et non pas le bailly *et* son lieutenant. Il ne peut donc présider les trois ordres qu'en l'absence du bailly.

B. Les trois ordres, suivant les art. 40 et 43, devaient nécessairement se séparer pour délibérer s'ils voteraient ensemble ; donc, il était inutile de supposer une *demande* des trois ordres pour avoir le prétexte de prononcer un jugement. Le président ne pouvait, art. 40, qu'*indiquer* aux ordres le lieu de leurs assemblées particulières.

Les trois ordres devaient, art. 12 et 13 de l'ordonnance du bailly de Soissons du 20 février 1789, délibérer s'ils voteraient ensemble ou séparément, et remettre au président de l'assemblée *expédition en forme de leur délibération*. Cela n'a pas été fait, car le Tiers, resté dans l'auditoire après la retraite des deux autres ordres, ne s'est occupé d'aucune espèce de délibération, ou ne lui a pas même proposé d'en prendre. D'après les dispositions connues du clergé et de la noblesse, il eut été intéressant pour le Tiers de délibérer sur cet objet; peut-être eût-il arrêté de voter avec les deux autres ordres; le vœu des trois ordres en aurait eu plus de poids.

C. L'on suppose un *rapport* fait par les trois ordres qu'ils entendaient opérer séparément. Le Tiers n'a pas délibéré; il n'a pas fait de rapport et un rapport n'aurait pu suppléer à une délibération indispensable entre tous les députés de cet ordre, qui devaient en remettre une expédition au président. Personne n'a fait ni entendu faire ce rapport.

D. Les rédacteurs du procès-verbal n'ont pas entendu l'art. 45 du réglement; ils ont appliqué aux pouvoirs à donner aux commissaires-rédacteurs des cahiers, ce que le réglement dit des pouvoirs à donner aux députés aux Etats-Généraux. Le pouvoir des commissaires devait se borner à la rédaction et concordance des articles répandus dans les différents cahiers particuliers des doléances. Cela est évident. Celui des députés aux Etats-Généraux devait être plus étendu et plus général, puisqu'il fallait l'approprier aux objets inconnus des délibérations des Etats-Généraux.

M. Vernier, qui s'est fait nommer commissaire, pourrait bien avoir eu ici des vues particulières.

Mais où sont les pouvoirs donnés aux commissaires ? Il n'en a été donné aucun. Voir les séances des 10 et 11.

E. Quand le procureur du roi requit cette suppression, il ne dit pas que l'écrit s'était répandu dans le public, mais dans l'assemblée. Le procès-verbal a rétabli la vérité, mais il prouve l'incompétence du lieutenant-général et du procureur du roi qui ne pouvaient dans une assemblée du Tiers, dénoncer et flétrir un écrit répréhensible. Nota : Il n'a pas été représenté, ni mis sur le bureau, ni annexé.

F. Il n'y a pas eu de représentation à ce sujet. Cette résolution a été arrêtée par sept personnes nommées par le lieutenant-général et le procureur du roi qui est sorti de sa place pour concerter cette nomination avec lui, sans qu'on ait pris aucun suffrage.

G. Le lieutenant-général pouvait-il de sa propre autorité exclure du commissariat les députés de la campagne qui étaient habitants de la ville ?

H. Le lieutenant-général, sur les conclusions du procureur du roi, avait ordonné que chaque député apporterait le lendemain la liste des commissaires qu'il voulait nommer, ce qui n'est pas dit ici, parce qu'on n'a pas jugé à propos de rappeler, dans la séance du 11, ce qui a été requis et donné pour la suppression de ces listes.

I. La séance a été ouverte par le réquisitoire du procureur du roi et le jugement de suppression des listes ordonnée la veille.

Le procès-verbal ne dit pas que le procureur du roi avait fait un état de distribution des paroisses en 30 districts pour nommer un commissaire dans chacun, et que cet arrangement ne fut concerté ni délibéré dans l'assemblée.

K. La nomination des cinq commissaires pour la ville aurait dû être faite par les députés du Tiers-Etat de la ville seuls, par la même raison que les trente députés de la campagne avaient été nommés par les seuls députés de la campagne. Mais le procureur du roi n'aurait pas été nommé commissaire et pour le faire nommer on a imaginé d'associer aux députés du Tiers de la ville, les avocats et procureurs de la ville qui s'étaient fait nommer députés dans les paroisses de la campagne; et quoique ces avocats et procureurs eussent déjà concouru à la nomination des trente commissaires nommés par la campagne, et malgré la réclamation des députés de la ville qui avaient déjà fait une nomination de cinq commissaires pour la ville, ils ont été obligés de revenir à une deuxième nomination.

L. C'est avant le réquisitoire et le jugement de suppression des listes que M. Gouillard a fait sa motion, à neuf heures du matin. Le procès-verbal a tronqué et dénaturé le fait, mais il est de notoriété publique et tel qu'on le voit dans la protestation imprimée de M. Gouillard.

M. Faux qu'il ait annoncé la lecture d'un mémoire et qu'on lui ait défendu de le lire. Il s'est borné à demander la parole et n'a fait qu'indiquer l'objet de sa motion, sur lequel on lui a imposé silence par le ministère de la maréchaussée, d'après le réquisitoire du procureur du roi et l'ordonnance du président; ce qui lui a donné lieu de répliquer et réclamer contre le défaut de liberté résultant de la présence de cavaliers armés, commandés par un député, et il s'est retiré sur-le-champ.

Nota. — M. de Noirfosse a d'autant plus tort d'avoir figuré et de s'être annoncé dans l'assemblée comme commandant de la maréchaussée, qu'il n'en avait pas le droit, puisqu'il est inspecteur-général dans un autre département que le Soissonnais, où il y a un prévôt et un lieutenant.

C'est vers les deux heures de relevée, que le lieutenant-général, qui était descendu de son siége et retiré de l'assemblée qui commençait à se séparer, fut prié par le sieur de Noirfosse d'y remonter, ce qu'il fit; et c'est alors que le sieur de Noirfosse, en l'absence du sieur Gouillard, renouvela ses plaintes sous la forme d'une dénonciation juridique.

N. Faux. M. de Noirfosse a seulement dit à l'assemblée qu'il avait été requis par le lieutenant-général et le procureur du roi de placer la maréchaussée comme elle l'était; et cinq ou six députés, partisans du procureur du roi, ont dit seulement qu'ils ne désapprouvaient pas sa présence. Les autres députés ont gardé le silence, n'ayant pas même entendu la motion du sieur Gouillard, à qui on n'avait pas laissé le temps de la développer.

O. Ordonnance bien insultante pour le Tiers. On a supposé une approbation unanime de sa part pour lui déguiser la contrainte où l'on voulait le tenir. Quelles fonctions la maréchaussée avait-elle faites et à faire encore?

P. Ce billet, s'il existe, est l'effet d'une surprise faite au bailly qui n'avait aucune autorité immédiate sur l'assemblée du Tiers, présidée par son lieutenant, qui n'avait pas jugé cette précaution nécessaire pour les premières séances, et qui n'a pu supposer la nécessité de la prendre pour celle du 18 qu'à l'instigation de ceux qui avaient intérêt de justifier une pareille entreprise. 2° Ce billet n'autorisait pas l'abus qu'on en a fait, car on n'a pas osé y faire dire au bailly que la maréchaussée continuerait à garder les mêmes postes et à exercer les mêmes fonctions dans l'intérieur de l'assemblée. 3° Si le billet a été annexé, il est faux que la lecture en ait été ordonnée, ni qu'on l'ait faite.

Q. L'ouverture de la séance a été faite par l'appel suivi d'un discours du procureur du roi terminé par un réquisitoire tendant à la lecture du cahier général, et c'est au moment où le lieutenant-général allait prononcer, que M. Brayer s'est levé pour parler contre la présence du procureur du roi et ses réquisitoires. Cette remarque est intéressante et lie les faits. Ce n'était pas sans raison que le procureur du roi, qui ne s'était fait nommer commissaire que pour influer davantage sur la rédaction du cahier, avait cherché dans son discours à disposer les esprits à se contenter d'une simple lecture, lecture dont il n'est pas même fait mention dans le procès-verbal. Les réclamants avaient intérêt que le travail des commissaires ne fût adopté que sur un mûr examen et qu'il ne fût arrêté qu'en vertu d'une délibération et non d'un jugement.

R. On fait ici parler les réclamants bien bêtement. Voir leur protestation notariée.

S. Quelques députés demandèrent qu'on délibérât sur la motion ; le lieutenant-général y paraissait disposé ; le procureur du roi avait dit que si quelqu'un réclamait contre sa présence, il se retirerait, quelqu'un observa qu'il serait trop long de recueillir les suffrages ; un député de la campagne proposa que les votants se partageassent en deux corps ; le beau-frère du procureur du roi répondit qu'il était inutile d'aller aux opinions sur une motion unanimement rejetée, et le lieutenant-général fit faire silence et s'empressa de prononcer son jugement.

T. Faux. Que signifient ces prétendues acclamations qu'on présente partout comme l'expression du vœu général ? L'assemblée n'a jamais été consultée, n'a jamais délibéré et n'a donné d'autre signe de son sentiment que son silence et sa soumission. Si l'on a applaudi ici, ce n'est qu'après la retraite des réclamants qui étaient au nombre de douze.

On leur reproche d'avoir protesté et de s'être retirés après la protestation. La protestation est-elle fondée ? Ils ont dû la faire ; quant à la retraite, elle a été nécessitée : 1° Par le refus formel d'en référer à l'assemblée ou aux trois ordres ; 2° par la crainte du reproche qu'on aurait pu leur faire d'avoir gêné les opérations de l'assemblée.

Les députés se sont bornés à un acte conservatoire ; ils ont suivi l'art. 51 du réglement ; ils doivent aujourd'hui justifier leur conduite aux yeux du public et de leurs commettants.

On avait indisposé contre eux les députés qui craignaient que les opérations ne fussent prolongées indéfiniment ; ceux-ci ne pouvaient voir les réclamants d'un bon œil au milieu d'eux.

U. Douze députés et non pas seulement deux. Soyez donc vrais !

V. Et cependant il avait le droit de faire placer la maréchaussée dans l'assemblée.

X. Pourquoi n'aurait-on commencé à le faire qu'à la fin de la 5ᵉ séance ? Pourquoi n'a-t-on pas fait signer les députés ?

Si l'on a lu et reconnu la vérité de l'acte lu, qui pourra garantir que ce qu'on a lu soit ce qu'on a rédigé à loisir depuis la clôture de l'assemblée, quand on a la preuve de l'altération de la vérité sur plusieurs points essentiels et de la rédaction du procès-verbal plusieurs jours après la clôture ?

On a commencé le soir à nommer les scrutateurs ; les députés de 60 paroisses ont donné leurs scrutins qui ont été scellés avec un cachet, et l'on a reçu les autres scrutins le lendemain ; cela est certain ; pourquoi ne l'a-t-on pas dit ? C'est qu'on avait fait des sottises qu'il ne fallait pas mettre dans le procès-verbal.

Y. Comment et par l'organe de qui cette déclaration a-t-elle été faite ? Les députés n'ont pas individuellement donné ces pouvoirs, ils ne pouvaient le faire par acclamation. Donc on s'est contenté de transcrire les termes de la lettre du roi, pour suppléer à la délibération qui devait être prise et contenir la procuration qui était absolument nécessaire. Enfin d'un acte libre, on a fait un jugement.

Z. MM. les députés élus ont promis de faire leur possible pour procurer tous les avantages aux députés du Tiers. Ceux qui ne sont pas députés n'auront rien. Les réclamants qui sont députés de la ville en auront leur part. Cela est généreux.

AA. Faux, puisqu'il n'était pas encore rédigé.

BB. M. le lieutenant-général leur en marqua particulièrement sa satisfaction, en disant qu'il était bien content et que personne ne s'était pris de vin. *(Manuscrit de M. Fiquet.)*

CAHIERS

DES PLAINTES ET DOLÉANCES DE L'ORDRE DU TIERS-ÉTAT,

COMPOSÉ DES DÉPUTÉS DES VILLES, BOURGS, VILLAGES, PAROISSES ET COMMUNAUTÉS DE CAMPAGNE DU BAILLIAGE DE SOISSONS.

Mars 1789.

Le Tiers-Etat du bailliage de Soissons pénétré des bontés paternelles de S. M., prend la liberté de lui exposer ses plaintes et ses doléances, et plein de confiance dans son amour pour ses peuples, il se flatte d'obtenir le redressement de ses griefs.

En conséquence :

Art. 1er. — L'ordre du Tiers-Etat du bailliage de Soissons supplie très-humblement S. M. de fixer la prochaine tenue des Etats-Généraux à trois ans de l'époque des premiers et les assemblées ultérieures de cinq ans en cinq ans.

Art. 2. — Que dans l'assemblée prochaine desdits Etats-Généraux la constitution de cette assemblée nationale, sa forme et ses droits et fonctions soient invariablement déterminés.

Art. 3. — Que les représentants du Tiers-Etat y soient toujours en nombre au moins égal à celui des deux autres ordres réunis et que les suffrages soient comptés par tête et non par ordre, et en conséquence que les délibérations soient prises par les trois ordres ensemble et non séparément.

Art. 4. — Que les administrations provinciales soyent formées en Etats provinciaux et qu'ils soyent constitués sur un plan fixe et permanent, autant qu'il sera possible, et uniforme dans le royaume.

Art. 5. — Que les membres desdits Etats provinciaux soient librement élus par la province et qu'ils soyent formés de citoyens des trois ordres dans la proportion déterminée par les Etats-Généraux.

Art. 6. — Que le tiers des membres desdits Etats provinciaux sera changé tous les trois ans de façon qu'après la révolution de neuf années l'administration soit entièrement renouvelée.

Art. 7. — Que tous les ans, dans le courant du mois de mars, les Etats provinciaux feront imprimer le compte de leur administration.

Art. 8. — Que les frais de cette administration seront réduits avec la plus sévère économie.

Art. 9. — Que les Etats provinciaux auront une correspondance suivie avec les municipalités de la province renouvelée de la même manière que les Etats provinciaux.

Art. 10. — Que tous les ministres et administrateurs en chef seront tenus de rendre compte au Roy et aux Etats généraux.

Art. 11. — Que tous les ans, au mois de mars, chacun d'eux enverra à tous les Etats provinciaux un double du compte exact et détaillé de son administration de l'année précédente, et qu'il en sera usé de même à la retraite de chaque ministre, qui ne pourra se regarder libre qu'après avoir reçu une approbation du Roy et des Etats provinciaux, en attendant le jugement des Etats généraux.

Art. 12. — Que les Etats provinciaux soyent chargés de la répartition et de la recette de tous les impôts et produits de la Province et de l'employ des deniers au paiement de toutes les charges et frais d'administration de la Province, même des pensions et rentes dues aux pensionnaires et créanciers de l'Etat résidants dans la Province, en sorte qu'il ne reste à verser au trésor royal que l'excédant de la recette sur la dépense.

Art. 13. — Que les impositions de chaque paroisse soient réparties par la municipalité.

Art. 14. — Qu'il soit établi dans chaque

province un seul caissier, qui aura dans chaque ville de son arrondissement des commis dont il sera responsable.

Art. 15. — Que l'aliénation des domaines de la Couronne soit permise, à l'exception des forêts, et que les anciens engagements soyent confirmés, en payant un supplément de finances, lequel supplément, ainsi que le prix de ces aliénations, sera employé à l'acquit des charges de l'Etat.

Art. 16. — Que les domaines qui surviendront par la suite à la Couronne pourront être légalement aliénés, mais avec le consentement des Etats généraux.

Art. 17. — Que les économats soyent supprimés et leurs fonctions réunies aux Etats provinciaux.

Art. 18. — Que nul impôt direct ou indirect, tels que les emprunts ne puisse être établi, renouvelé ny prorogé au-delà du terme auquel il aura été limité, sans le consentement des Etats généraux; et qu'aucun arrêt, même enregistré qui tendrait à une augmentation de l'impôt consenti, même sous un prétexte d'interprétation, ne puisse avoir d'exécution.

Art. 19. — Que tous les priviléges et exemptions précuniaires soyent supprimés, et que tous les impôts soyent également répartis sur les trois ordres de l'Etat dans une proportion relative aux facultés de chaque individu.

Art. 20. — Que toutes les dépenses à charge à l'Etat soyent retranchées, et qu'en conséquence l'état des pensions soit soumis à un examen sévère pour les supprimer ou les diminuer, suivant les circonstances.

Art. 21. — Que les dépenses de la maison du Roy et celles de tous les départements soyent arrêtées, fixées dans l'assemblée des Etats généraux.

Art. 22. — Que la liberté de chaque citoyen soit garantie contre toute espèce de pouvoir arbitraire et qu'il ne puisse être arrêté qu'en conséquence d'un jugement rendu par le juge naturel, seul compétent, après une information judiciaire.

Art. 23. — Qu'avant de consentir à aucun impôt ou prorogation d'impôt, les députés du Thiers-Etat demanderont la concession de ceux des articles ci-dessus qui sont relatifs à la liberté individuelle, à l'inviolabilité de la propriété, à la constitution fixe des Etats généraux et provinciaux, et à l'égalité proportionnelle de la répartition des impôts sur les trois ordres, sans distinction ni privilége, objets principaux de la mission et des pouvsirs des députés.

Art. 24. — Que la subvention territoriale ne soit pas admise en nature.

Art. 25. — Que les impôts qui seront successivement jugés nécessaires aux besoins de l'Etat, seront dans tous les temps, supportés par les trois ordres, et que la répartition, la perception et la comptabilité en seront faites en commun et dans les mêmes formes, soit que l'impôt augmente on diminue.

Art. 26. — Que les aides soyent supprimées, et qu'il leur soit substitué un impôt modéré par septier de vignes, contenant 6 verges, mesure de roy, et qu'aussitôt que les besoins de l'État le permettront, cet impôt soit supprimé.

Art. 27. — Que la gabelle soit supprimée et remplacée par un impôt perçu sur le sel à la sortie des salines.

Art. 28. — Que la ferme du tabac soit également supprimée et que la culture du tabac soit permise et encouragée de façon que successivement l'Etat puisse percevoir sur cette culture un impôt égal à celui qu'il en tire acturellement, déduction faite, des frais de régie et de perception.

Art. 29. — Que les douanes et les traites soient reculées aux frontières.

Art. 30. — Que la taille et ses accessoires soient supprimés et qu'il leur soit substitué un impôt réel sur les propriétés foncières, et personnel sur les facultés, exploitations et industrie.

Art. 31. — Que les droits sur les huiles, les cuirs, amidon et autres confiés à la même régie soient supprimés.

Art. 32. — Qu'il soit établie une capitation sur les domestiques de l'un et de l'autre sexe, payable par les maîtres dans la proportion d'un droit simple pour le premier domestique, double pour le second, triple pour le troisième, en augmentant ainsi progressivement, les domestiques attachés à l'agriculture exceptés.

Art. 33. — Que les clercs de notaires, procureurs, greffiers, garçons et filles de boutiques, compagnons orfèvres et tous autres garçons et compagnons artisans soient également assujettis à une capitation.

Art. 34. — Le grand nombre de chiens s'augmentant en France sans nécessité et pouvant devenir nuisible, il est à désirer qu'il soit prélevé, par forme de taxe, une somme sur les propriétaires de chiens, au lieu de leur domicile ordinaire; savoir : 3 fr. par chien dans les villes et 24 sols par chien dans les campagnes. Il n'y aura d'exception que pour les chiens de bergers.

Art. 35. — Qu'il ne puisse être établi d'impôts additionnels que dans les formes requises pour l'impôt principal.

Art. 36. — Que la prestation de la corvée en argent soit fixée à une quotité déterminée du montant de l'impôt réel et de l'impôt personnel; qu'il soit perçu sur tous les individus des trois ordres sans distinction, et qu'un sixième de cette prestation soit affecté à l'entretien des rues des villes, bourgs et villages et des chemins vicinaux.

Art. 37. — Qu'il ne puisse être envoyé des commissaires, pour acquitter les impositions qu'après une décision de la municipalité.

Art. 38. — Que les droits de franc fiefs et d'échéance soyent supprimés ainsi que le droit d'amortissement sur les terrains, édifices et maisons, enclos dans les villes, et même sur les terrains de la campagne, quand il s'agira d'amélioration ou de construction d'utilité publique.

Art. 39. — Qu'il soit rédigé un nouveau tarif du contrôle et d'insinuation d'une clarté et d'une précision qui ne laissent rien à l'arbitraire.

Art. 40. — Que l'usage du parchemin timbré soit supprimé.

Art. 41. — Que le centième denier sur les successions collatérales soit supprimé.

Art. 42. — Que les droits d'entrée aux barrières de Paris et des autres grandes villes soient conservés et les priviléges d'exemption supprimés.

Art. 43. — Suppression de la servitude du tirage de la milice, les paroisses pourront s'en rendre libre en donnant les sommes qu'elles ont l'habitude de fournir suivant les règles de la milice ; alors elles pourront entre elles faire les conventions qui leur paraîtront le plus convenables.

Art. 44. — Suppression des ponts-et-chaussées.

Art. 45. — Qu'il soit fait un nouveau code civil, dans lequel il sera pourvu à ce que les tribunaux soient rapprochés des justiciables et la justice rendue promptement et à moins de frais possible.

Art. 46. — Qu'il soit aussi rédigé un nouveau code criminel, où la peine soit proportionné au délit ; que l'accusé ait un défenseur qui l'assiste dans l'instruction, et que cette instruction soit faite publiquement.

Art. 47. — Que dans chaque ville, bourg et village, il soit établi un tribunal de paix, auquel les particuliers qui auront des différents à régler seront tenus de s'adresser avant de recourir à la justice ; lequel tribunal sera composé de quelques membres de la municipalité élus par la commune et changés tous les ans.

Art. 48. — Qu'il soit formé de nouveaux arrondissements pour les bailliages, et que ces arrondissements soient composés d'environ 300 paroisses.

Art. 49. — Qu'il soit érigé des prévotés royales dans les petites villes et gros bourgs, avec un arrondissement de deux à trois lieues, dans lesquelles prévotés les juges exerceront leur juridiction même sur les justices seigneuriales de leur arrondissement, en cas d'absence ou empêchement des officiers des seigneurs, à qui il sera permis d'appeler les juges des dites prévotés pour le service de la justice criminelle.

Art. 50. — Que le ressort de chaque présidial sera composé de trois bailliages ; qu'il aura pour chef un président ; qu'il jugera en dernier ressort de toutes matières susceptibles d'estimation, jusqu'à 10,000 fr. ; que la compétence sera jugée par sept officiers du siége.

Art. 51. — Que la vénalité des offices soient supprimée.

Art. 52. — Que toutes les juridictions d'exceptions soient supprimées et pour faciliter la suppression et l'indemnité des officiers supprimés, que lesdits officiers soient incorporés aux tribunaux conservés ; que les matières de la compétence desdits tribunaux supprimés soient attribuées au juge ordinaire, à l'exception des juges-consuls dont la juridiction et la compétence seront conservées.

Art. 53. — Que le régime des eaux et forêts soit soumis à l'administration des États provinciaux.

Art. 54. — Que les chambres ardentes soient supprimées et leur compétence attribuée à la juridiction royale.

Art. 55. — Que la connaissance des causes où les seigneurs seront intéressés soit interdite à leurs juges.

Art. 56. — Que les juges seigneuriaux soient inamovibles.

Art. 57. — Que nul ne soit admis dans la magistrature s'il n'est d'une capacité et d'une probité reconnues, de père et mère absolument irréprochables, et s'il n'a, pendant dix ans, exercé avec distinction la profession d'avocat, et qu'il ne soit plus accordé de dispense d'âge.

Art. 58. — Qu'aucun magistrat ne puisse cumuler plusieurs offices ou commissions de magistrature, et que les lettres de comptabilité et autres semblables soient supprimées.

Art. 59. — Que les offices de receveur des consignations, de commissaire et contrôleur aux saisies réelles, d'huissier-priseur, de greffier des experts, de jurés-experts et de jurés-crieurs d'enterrements soient supprimés comme inutiles et onéreux, sauf la liquidation et le remboursement.

Art. 60. — Que toutes les lettres de chancellerie, des parlements et présidiaux, lettres de committimus, garde gardienne, évocation, scel attributif de juridiction, priviléges des bourgeois de Paris, en demandant, et autres semblables, soient et demeurent supprimés et révoqués comme onéreux.

Art. 61. — Qu'il ne soit plus accordé d'arret de deffence en aucun cas, sinon sur requête communiquée à la partie.

Art. 62. — Que la durée du temps réglé par l'édit de 1771 pour l'exposition des contrats d'aliénation au tableau des hypothèques, soit prorogé à trois mois, et que les contrats soient affichés pendant ledit temps de trois mois, non-seulement dans le bailliage de la situation des biens, mais encore dans celui du domicile du vendeur.

Art. 63. — Que les faillis soient obligés de se mettre sous la main de la justice, pour subir l'examen de leur conduite qui sera fait dans un bref délai.

Art. 64. — Que les lois rendues contre les banqueroutiers frauduleux soient sévèrement exécutés; que tous les asiles et retraites soient supprimés, nonobstant tous priviléges; qu'il ne soit accordé aux dits banqueroutiers aucunes lettres de répi, d'état ou de surséance, et que, pour assurer la vengeance de ce délit qui est le fléau du commerce, la poursuite en soit faite à la diligence du ministère public sur la dénonciation d'un ou plusieurs créanciers.

Art. 65. — Qu'en cas de condamnation du banqueroutier à mort naturelle ou civile, il ne puisse y avoir lieu à confiscation de biens du condamné au profit du Roy ou des seigneurs, et qu'il ne soit prélevé sur lesdits biens que les frais du procès, la conservation de ce droit odieux étant un motif déterminant pour les créanciers de garder le silence envers leur coupable débiteur et tendant conséquemment à favoriser le délit.

Art. 66. — Que la discussion, l'ordre et distribution des deniers des biens des faillis et débiteurs infortunés soient soumis à des règles ou des formalités très-simples et très-peu dispendieuses, afin de ménager le gage du créancier et la subsistance du débiteur.

Art. 67. — Qu'il soit accordé aux propriétaires détempteurs des biens des villes et des campagnes indistinctement la faculté de rembourser toutes les rentes foncières de quelque nature qu'elles soient, même celles dues à l'Eglise et autres gens de main-morte; réservé seulement au seigneurs le cens qui ne pourra être racheté.

Art. 68. — Qu'aucun fermier ne puisse faire valoir et exploiter à bail qu'un seul corps de ferme, ni y réunir des marchés qui en étendent l'exploitation au-delà de quatre charrues, y compris les terres attachées au corps de ferme, la charrue évaluée à 100 arpents, mesure de roy.

Art. 69. — Que pour l'exécution de cet article intéressant pour l'agriculture, pour la population et pour la multiplication des bestiaux, il soit fait deffenses très-précises aux fermiers de réunir à leurs corps de ferme l'exploitation d'un ou plusieurs corps de ferme par l'interposition de leurs enfants, domestiques et autres et qu'il y soit pourvu par des dispositions aussi rigoureuses que précises.

Art. 70. — Que les dispositions des deux

articles précédents cesseront d'avoir lieu dans le cas où le corps de ferme sera attaché à l'exploitation d'un plus grand nombre de charrues dont la division serait incommode ou onéreuse au propriétaire.

ART. 71. — Que le paturage des prés soit interdit aux bêtes à laine, si ce n'est pour leur rafraîchissement en certains temps et que le lieu de rafraîchissement soit fixé et circonscrit, permis néanmoins aux propriétaires de faire pâturer dans leurs propres prés duement enclos et fermés.

ART. 72. — L'affranchissement des dismes des productions sur les jachères, que les cultivateurs font manger en vert par leurs bestiaux.

ART. 73. — L'affranchissement des dismes de charnage et sur les laines.

ART. 74. — Demander un règlement concernant les savards des paroisses.

ART. 75. — Que pour faciliter la navigation, rendre à la culture des terrains inondés et prévenir ou diminuer les ravages des épidémies, il soit accordé des faveurs et des récompenses à ceux qui entreprendront le curement des rivières et le dessèchement des marais.

ART. 76. — Que pour éviter l'engorgement des ruisseaux sur lesquels sont assis les moulins à eau et empêcher l'inondation des terrains riverains, il soit pourvu à l'exécution des règlements de police qui déterminent le point d'eau et le curement exact des ruisseaux, et que la construction des moulins sur bateaux et à vent soit encouragée.

ART. 77. — Que pour diminuer le dommage

que causent l'ombrage et les racines des arbres plantés sur les routes aux terres limitrophes desdites routes, lesdits arbres soient souvent éloignés et qu'ils soient abattus à l'âge de 40 ans.

Art. 78. — Qu'il soit fait deffences à tous propriétaires et seigneurs d'ouvrir des routes de chasse dans les bois des particuliers, de planter des avenues de pur agrément dans leurs terres, et de toucher, de quelque manière que ce soit, à leurs propriétés, sinon de l'agrément desdits propriétaires particuliers et en leur payant l'indemnité convenue.

Art. 79. — La chasse étant la servitude la plus onéreuse, les députés du Tiers-Etat du bailliage sont chargés de faire à l'assemblée des Etats-Généraux le tableau des dévastations qui en sont l'effet et d'y solliciter une loi qui restreigne le droit autant qu'il sera possible, qui pourvoie à la destruction du gibier de toute espèce par les moyens les plus expédients; qui, en cas de négligence des seigneurs, permette à la municipalité d'employer tous les moyens possibles de destruction, à l'exception du poison et des armes à feu; qui adoucisse les peines infligées aux braconniers, en faisant voir l'absurdité de mettre en parallèle l'honneur et la liberté du citoyen avec la valeur d'un lapin; et qui assure, sur les formalités les plus simples et une seule visite, la prompte et entière indemnité du cultivateur dont les fruits auront été endommagés par le gibier.

Art. 80. — Renouveler la disposition des anciens règlements qui permettent aux habitants de rentrer en la jouissance de leurs communes aliénées, en remboursant les acquéreurs et lesdits biens communaux étant entre leurs mains seront affermés si les habitants jugent qu'ils soient moins nécessaires pour les habitants.

Art. 81. — Que les baux des biens ruraux possédés par des gens de main-morte et des usufruitiers puissent être faits pour le terme de 18 ans, sans être assujettis à aucun autre droit que le contrôle, et ne puissent l'être pour un temps moindre de 9 ans; qu'ils aient leur exécution nonobstant décès, démission, résignation et autres cas résolutoires, et que lesdits baux soient faits par adjudication en justice.

Art. 82. — Que le nombre des fêtes soit réduit.

Art. 83. — Que les titres des curés primitifs soient supprimés.

Art. 84. — Que les succursales soient érigées en cure en faveur des communautés d'habitants suffisamment nombreuses, surtout celles qui se trouveraient avoir d'anciennes chapelles, maladeries ou autres édifices propres à la célébration du service divin.

Art. 85. — Qu'il soit assuré aux curés un revenu honnête et suffisant, qui soit au moins de 1,500 fr. et qui soit susceptible d'augmentation proportionnée à la population des paroisses et à l'éloignement des habitants; et qu'au moyen de ce revenu les honoraires connus sous le nom de casuel soient supprimés.

Art. 86. — Que ces revenus soient pris sur

les dixmes de chaque paroisse, lesquelles seront administrées par les Etats provinciaux, et que le restant desdites dixmes soit employé et affecté : 1° à l'entretien des églises, presbytères et clôtures de cimetières dont les habitants (1) demeureront déchargés ; 2° à l'entretien des maîtres d'école ; 3° à la caisse de charité.

Art. 87. — Qu'il soit attribué à tous les vicaires un revenu de 800 fr.

Art. 88. — Que les curés ne puissent prendre les dites dixmes à bail, ni exploiter leurs domaines, afin d'étouffer entre le pasteur et ses paroissiens tout germe de division et de procès et de les attacher davantage à leurs fonctions.

Art. 89. — Que l'éducation des enfants de la campagne soit surveillée par l'administration de la province, concurremment avec les supérieurs ecclésiastiques. (2)

Art. 90. — Suppression des titres d'abbés commendataires, de prieurs en commende et de tous bénéfices consistoriaux, réunion des manses abbatiales aux manses couventuelles avec toute administration, à la charge par les communautés de verser annuellement dans les coffres de l'Etat les sommes auxquelles elles auront été taxées pour leur contributions à la masse des fonds destinés aux secours et autres objets d'utilité publique.

Art. 91. — Que tous les religieux français soient soumis à l'ordinaire et à des supérieurs

---

(1) Le texte disait : *Dont les habitants et propriétaires*, etc.
(2) Le texte ajoutait ces mots : *Relativement à l'enseignement de la religion, et que les maîtres d'école ne soient institués que par le concours des deux autorités.*

français résidants en France et indépendants de généraux et supérieurs étrangers.

Art. 92. — Interdire aux titulaires de bénéfices à charge d'âmes la résignation.

Art. 93. — Dignités et canonicats des cathédrales affectées aux curés qui le sont depuis trente ans.

Art. 94. — Réduction des communautés rentées trop peu nombreuses, et les biens et bâtiments des maisons supprimées, convertis en établissements utiles.

Art. 95. — Que l'émission des vœux solennels soit fixée à 30 ans pour les hommes et à 25 ans pour les filles.

Art. 96. — Que les ordres mendiants soient supprimés, les individus soumis à l'ordinaire, obligés de se livrer aux fonctions ecclésiastiques et qu'il leur soit accordé une pension honnête sur les fonds des maisons rentées à supprimer.

Art. 97. — La confection des réparations usufruitiaires à la charge des bénéficiers assurée par la mise en dépôt d'une somme proportionnée à la valeur éventuelle des réparations, d'après l'estimation à faire lors de la prise de possession et sauf la visite annuelle.

Art. 98. — Plus de recours à Rome pour les dispenses de parenté, toute juridiction à cet égard attribuée aux évêques diocésains, sauf l'appel devant l'archevêque métropolitain, et de là au primat.

Art. 99. — Que les empêchements pour le mariage soient restreints au 3° degré.

Art. 100. — Qu'il soit accordé liberté indéfinie de la presse pour tout écrit signé de l'auteur ; et s'il n'est pas domicilié dans le lieu de l'impression, l'auteur sera tenu de faire certifier sa signature à l'imprimeur par une personne connue et domiciliée, sinon l'imprimeur en sera responsable.

Art. 101. — Que le débit des drogues et médicaments composés soit exclusivement attribué au collége de pharmacie.

Art. 102. — Que les poids et mesures soient uniformes dans le royaume.

Art. 103. — Que la direction des enfants trouvés, des dépôts de mendicité, maisons de travail et établissements de charité, soit confiée aux Etats provinciaux.

Art. 104. — Qu'il soit établi deux cours annuels d'accouchements et d'instruction pour les sages-femmes, qu'aucune ne soit admise qu'après examen des médecins et chirurgiens de la ville où se font les cours et en conséquence de leur approbation, et que le gouvernement soit supplié de faire attention à cet important objet.

Art. 105. — Que les chirurgiens de campagne ne puissent être admis qu'après avoir justifié de cinq années d'étude dans un Hôtel-Dieu ou hôpital militaire, et après un examen sévère, et qu'il leur soit accordé une somme annuellement sur les fonds de charité pour le soulagement des pauvres malades et infirmes de la campagne.

Art. 106. — Que les colporteurs et marchands roulants soient obligés d'avoir un domicile fixe, à peine d'être arrêtés comme vagabonds.

Art. 107. — Qu'il soit fait des signalements très-détaillés dans les passeports et certificats, qui ne pourront être délivrés que par les officiers de police ou de maréchaussée, et qui seront marqués d'un timbre particulier et commun à toutes les villes, bourgs et lieux du royaume.

Art. 108. — Que la maréchaussée soit incessamment portée au nombre de brigades jugé nécessaire; que ces brigades ne puissent être composées que d'hommes à cheval, et que la constitution de ce corps soit telle qu'en lui assurant la considération et le traitement nécessaires pour qu'il soit le plus utile possible, elle ne puisse qu'aider et non contrarier les vues de telle autorité que ce soit.

Art. 109. — Qu'aucun domestique ne soit reçu sans rapporter un certificat du juge de police et de son dernier maître.

Art. 110. — Que les terriers des seigneurs soient renouvelés tous les 30 ans, qu'ils soient appuyés de plans figurés et détaillés et de registres numérotés indicatifs des noms des propriétaires et des mutations dans lesquels terriers et plans les gens de main-morte seront tenus de faire insérer en détail les biens qu'ils possèdent dans l'étendue de la seigneurie.

Art. 111. — Qu'il soit permis de stipuler l'intérêt à cinq pour cent dans les prêts à terme.

Art. 112. — Que les péages, pontenages, travers, hallages, stellage, minage, et tous autres droits de pareille nature soient supprimés.

Art. 113. — Suppression des offices de jurés mesureurs de grains et de tous droits quelconques de mesurage, sous quelque dénomination qu'ils puissent être, et liberté entière entre le vendeur et l'acheteur.

Art. 114. — Que les banalités de moulins, pressoirs et autres soient pareillement supprimées.

Art. 115. — Que le commerce soit affranchi de toutes les entraves fiscales.

Art. 116. — Suppression de la caisse des haras.

Art. 117. — Que la plus entière liberté soit rendue aux communes des villes, bourgs et villages du royaume pour l'élection de leurs officiers municipaux, sans distinction des villes et lieux situés dans l'apanage des princes.

Art. 118. — Que les officiers municipaux soient tenus de rendre compte à la commune à l'expiration de leur exercice.

Art. 119. — Que la charge du logement des gens de guerre soit supportée par les trois ordres.

Art. 120. — Qu'aux termes de la déclaration du Roy de 1776, les cimetières soient transférés hors l'enceinte des villes, bourgs et villages.

Art. 121. — Qu'il soit établi des bureaux de charité partout où il en manque, et que les fonds desdits bureaux soient pris sur les revenus des abbayes, prieurés et monastères susceptibles de suppression.

Art. 122. — Qu'il soit établi des hospices ou accordé des places dans les hôpitaux en faveur des aveugles, des incurables et des insensés.

Art. 123. — Que les règlements contre les fraudes des meuniers soient renouvelés et leur exécution rigoureusement observée.

Art. 124. — Que l'élection de Compiègne qui sépare l'élection de Clermont du reste de la généralité de Soissons soit réunie à cette généralité.

Art. 125. — Qu'il soit deffendu aux ecclésiastiques, aux nobles, aux officiers de justice, police et finances, à tous financiers et agents du fisc de faire commerce des grains.

Art. 126 et dernier. — Que l'exportation des grains n'aît lieu qu'après avoir pris l'avis des Etats provinciaux (1).

(1) Les articles ajoutés après la rédaction du cahier général du Tiers-Etat par les 35 commissaires nommés à cet effet sont marqués d'une croix. Ce sont les articles 17, 34, 37, 43, 44, 72, 73, 74, 113, 124, 125 et 126.

Après l'article 96 étaient les deux articles suivants supprimés :

Résidence absolue des prélats et des bénéficiers qui seront conservés.

Suppression du droit de départ pour les archidiacres et autres bénéficiers.

Après l'article 99 était celui-ci supprimé :

Qu'à l'avenir les expectatives et préventions en cour de Rome n'aient plus lieu, et que toutes contributions, sous quelque dénomination que ce soit, payées jusqu'à présent à ladite cour de Rome, aux généraux d'ordre et autres supérieurs ecclésiastiques étrangers et non regnicoles, soient supprimées.

Après l'article 110 étaient ceux-ci supprimés :

Que les alluvions et attérissements soient abandonnés aux propriétaires riverains.

Qu'avant d'ouvrir une nouvelle route ou d'élever un bâtiment, même d'utilité publique, le propriétaire soit indemnisé de gré à gré (Manuscrit de M. Fiquet).

LETTRE

DE M. GOULLIART,

AU DIRECTEUR-GÉNÉRAL DES FINANCES,

sur ce qui s'est passé dans la réunion du Tiers-Etat du bailliage de Soissons.

(12 mars 1789).

MONSEIGNEUR,

Ce qui s'est passé le 10 et le 11 de ce mois en l'assemblée du Tiers du bailliage de Soissons exige la plus prompte intervention de l'autorité.

Comme magistrat, citoyen, un des électeurs nommé par l'assemblée du Tiers de la ville de Soissons, honoré tout récemment de sa députation près Mgr le duc d'Orléans, désigné pour la place de procureur du Roi de la ville par le vœu de mes concitoyens, pour en obtenir de S. A. S. la nomination et institution, je vous supplie, Monseigneur, de vouloir bien mettre ma lettre sous les yeux de S. M. prendre et nous faire connaître ses ordres avant ou pour mercredi prochain, jour auquel a été prorogée l'assemblée du Tiers.

Suspendre jusque-là pour laisser le temps aux commissaires qu'elle a nommés, pour rédiger en un seul cahier les doléances des villes, bourgs et villages du ressort du bailliage, c'est le même jour mercredi qu'après la lecture du travail de ces commissaires, elle pourrait procéder à la nomination de ses deux députés aux Etats-Généraux.

L'objet de ma lettre étant de vous supplier, Monseigneur, que les abus effrayans qui ont eu lieu dans ces dernières assemblées cessent, et que l'élection de nos députés n'en soit point l'effet, vous voyez, Monseigneur, que je ne peux trop vous réitérer, au nom sacré de la patrie, mes plus vives instances, pour une décision accélérée et tellement qu'elle prévienne ce qu'elle peut empêcher.

La première assemblée du Tiers du bailliage de Soissons présidée par le lieutenant du bailly s'est tenue le 10 de ce mois, 5 heures de relevée.

Elle était composée de huit députés du Tiers de la ville de Soissons et d'une multitude d'habitants des campagnes, députés de leurs paroisses.

Au milieu d'eux, on distinguait plusieurs procureurs du bailliage de Soissons, et pour la paroisse de Bussi le s*r* *de Noirfosse*, inspecteur de maréchaussée; il était en uniforme; des cavaliers de maréchaussée étaient dans l'intérieur de la salle, qui était l'auditoire du bailliage, et sur les hauts siéges (ceux des juges quand le bailliage tient séance) on remarquait un brigadier de maréchaussée. Le procureur du roi en robe rouge, comme le lieutenant du bailli, étant aussi à cette assemblée à sa place ordinaire au parquet.

L'objet de cette assemblée était : 1° d'appeler toutes les paroisses pour leur faire représenter, par leurs députés, leurs cahiers de doléances.

2° De nommer des commissaires pour les rédiger en un seul.

Tout néanmoins s'est passé par acte de jurisdiction exercé sur ces deux points, par le procureur du roi requérant, par le lieutenant du bailli ordonnant, jugeant (au moins selon lui) souverainement.

Au lieu de cette liberté qui devait régner dans cette assemblée, sous la simple présidence du lieutenant du bailli, nous avons eu le spectacle d'une audience redoutable; des procureurs qui s'étaient fait députer par les paroisses, quelques orateurs des campagnes et bourgs, élevant, détruisant, renouvelant des motions qui se combattaient, et le procureur du roi et le lieutenant du bailli concluant, ordonnant en suivant l'instabilité des réquisitions.

Enfin cette assemblée s'est terminée par un jugement, et en dernier ressort, du lieutenant du bailli, toujours sur les conclusions du procureur du roi, qui a ordonné que *l'assemblée serait prorogée au lendemain 11., 8 heures du matin, et que chaque membre du Tiers retiré chez lui dresserait une liste des députés qu'il désirerait pour commissaires pour rédiger en un seul les cahiers de doléances.*

Cette assemblée avait commencé d'une manière qui nous annonçait ce qu'elle devait être. Le procureur du roi y avait dénoncé au lieutenant du bailly un imprimé qui circulait et dans lequel il était dit que tous ceux dont les suffrages ne seraient pas libres aux Etats-Généraux, comme les subdélégués, les juges des seigneurs, leurs receveurs, etc. ne devraient être électeurs ni élus.

Le lieutenant du bailli, *faisant droit sur les conclusions du procureur du roi, a ordonné la suppression de cet imprimé, et que les subdélégués des intendants* (il est celui de M. l'intendant de Soissons) *les juges des seigneurs et leurs receveurs et autres dénommés en cet imprimé pourraient être députés aux Etats-Généraux; a réservé au procureur du roi à prendre par la suite telles autres conclusions qu'il aviserait à cet égard.*

Pendant toute cette séance, les huit députés du Tiers de la ville de Soissons, consternés, sont restés dans le silence.

Mais il ne leur est pas échappé (à eux qui savent les liaisons intimes du lieutenant du bailli, du procureur du roi et du s^r de Noirfosse entre eux et un ancien procureur, aujourd'hui avocat, bailli de 80 paroisses, faisant les affaires d'une quantité de seigneurs), que les suffrages de cette multitude de gens de campagne qui leur sont subordonnés, étaient accaparés.

Que cet accaparement venait de recevoir toute sa force de la présence du lieutenant du bailly et du procureur du roi exerçant à leur gré une juridiction arbitraire.

Que cet accaparement était encore appuyé sur le s^r de Noirfosse (ami d'un second subdélégué de M. l'intendant de Soissons, adjoint au lieutenant du bailli) par la présence des cavaliers de maréchaussée, dont le s^r de Noirfosse était officier supérieur, qu'il avait commandés comme prévôt général. Comment n'aurions-nous pas été convaincus de cette triste vérité que l'assemblée du Tiers n'allait être qu'une vaine forme entre les mains du lieutenant du bailli, du procureur du roi et du s^r de Noirfosse, pour faire tomber sur ceux qu'il leur plairait (c'est-à-dire sur ceux qui ne peuvent, d'après le vœu de toutes les corporations des villes du royaume, avoir notre confiance) le choix de nos députés aux Etats-Généraux. Nous venions de voir le fils et le gendre de cet avocat bailli de 80 paroisses et plusieurs procureurs leurs confrères, mêlés avec les députés des campagnes et y remplir avec feu leur mission d'entretenir cette préoccupation en faveur de celui ou de ceux qu'ils étaient chargés de faire nommer aux Etats-Généraux.

C'est, Monseigneur, dans cette circonstance que, réfléchissant à ce qui venait d'arriver, pénétré de la chose publique, alarmé à la vue de tous les moyens de terreur et de séduction employés pour subjuguer une multitude aveugle et pour donner par eux à la nation des députés que nous ne pourrions avouer, j'ai cru qu'avec le courage pour défendre la vérité, je me devais de m'élever à la seconde séance du Tiers tenue le 11 au matin.

1° Contre le droit de juridiction que s'est arrogé le lieutenant du bailli dans l'assemblée du Tiers, où, aux termes du réglement, il n'a qu'une *présidence d'honneur*, sans plus de droit que le bailli à l'assemblée de la noblesse, que *celui qui dans l'ordre hiérarchique a la présidence dans l'assemblée du clergé.*

2º Contre l'assistance du procureur du roi à l'assemblée du Tiers, où le réglement ne l'autorise pas à se trouver.

Où son ministère n'était pas plus nécessaire qu'aux assemblées du premier et du second ordres.

Où il n'avait point de fonctions, puisque le lieutenant du bailli n'a pu y paraître comme juge, puisqu'un procureur du roi qui n'est que pour requérir, est inutile, quand il ne peut conclure devant un officier qui puisse ordonner.

3º Contre la présence de gens armés dans une multitude accoutumée à trembler devant eux.

4º Contre la prétendue ordonnance souveraine du lieutenant du bailli qui avait érigé la veille en maxime, sur une commune crédule, que sa confiance pouvait être donnée à ceux qui ne se présenteraient à l'assemblée nationale, qu'avec des relations de dépendance des deux premiers ordres, qu'avec l'alternative (à laquelle nulle vertu n'est à l'épreuve, si ce n'est dans des âmes rares) de sacrifier son intérêt personnel, même son état à la cause du Tiers.

Dans le dessein de faire ces motions que me commandait mon devoir envers le roi, envers la nation, envers mes commettants, je me suis rendu à l'assemblée du 11.

J'y ai demandé, non au président, la permission de parler, mais à l'assemblée son agrément et son attention.

A cette proposition, le lieutenant du bailly a

dit au procureur du roi (qui venait de dénoncer une carte circulant dans l'assemblée, sans dire ce qu'elle contenait, sans en ordonner le dépôt, et d'en faire ordonner la suppression par le lieutenant du bailli, encore qu'il ne sût ce qu'elle portait, de prendre des conclusions.

Cet officier a requis à l'instant et le lieutenant du bailli conformément à ses conclusions, ordonné que la parole me serait déniée.

En vain j'ai représenté, que député du Tiers de la ville de Soissons, que citoyen, que magistrat, j'avais droit de m'énoncer dans cette assemblée.

Par un concert du président et du procureur du roi avec cette foule ameutée par les procureurs distribués au milieu d'elle, comme des officiers parmi les soldats, le tumulte s'augmentant de ma persévérance et des voix mercenaires couvrant la mienne, je n'ai pu faire entendre, et près de moi, que quelques mots au procureur du roi, pour lui dire *que sa présence et ses fonctions,* au lieutenant du bailly *que la juridiction qu'il exerçait dans cette assemblée étaient aussi opposées au règlement qu'à la volonté du roi.*

Au peuple, *que la liberté de ses délibérations excluait l'exercice d'un pouvoir effrayant, que Sa Majesté n'a conféré dans aucune cour, à un seul, qu'elle-même veut ne montrer, n'appliquer que de l'avis de ses ministres et de son conseil.*

Que cette même liberté ne permettait pas que des cavaliers de maréchaussée restassent dans l'intérieur de la salle de l'assemblée du Tiers.

Le sieur de Noirfosse qui était à mes côtés, m'adressant la parole sur cette dernière motion, me dit *que je soulevais l'assemblée ; que ma motion était séditieuse.*

Que les cavaliers qui étaient dans la salle du Tiers étaient sous son commandement et qu'il leur défendait de se retirer.

Je lui ai répondu *que, comme député d'une paroisse, il ne devait pas commander à l'assemblée des gens de guerre ; que la contrainte que leur présence seule annonçait à des habitants de campagne, était loin des intentions de Sa Majesté qui, en rassemblant près de sa demeure les Etats généraux, avait déclaré vouloir bannir toute gêne et ne réunir ses sujets que comme conseils et amis ;* paroles remarquables, dignes du grand prince qui les a prononcées et qui contrastent autant avec celles du sieur de Noirfosse.

Peu de moments après, je me suis retiré de cette assemblée où je ne voyais plus le Tiers délibérer librement et avec confiance, et où je ne devais pas autoriser par ma présence tous les abus contre lesquels, malgré quelques personnes sages mais non écoutées, mais nulles par leur petit nombre, je n'avais pu me faire entendre.

Mon rapport n'est point fini, Monseigneur, je l'arrête ici pour que le courrier d'aujourd'hui vous porte cette lettre, et ne pas échapper, pour l'achever, un ordinaire si précieux quand je vous conjure de m'obtenir de Sa Majesté justice avant mercredi prochain 18.

La seconde partie de mon mémoire, que

j'aurai l'honneur de vous adresser demain, vous révoltera plus encore; vous me verrez par une collision criminelle du sieur de Noirfosse, du lieutenant, du bailly et du procureur du roi, flétri par une ordonnance requise (en mon absence de l'assemblée du 11, la dernière) par le sieur de Noirfosse, consentie par le procureur du roi, prononcée par le lieutenant du bailli, applaudie des mains par la populace dévouée à ces trois hommes, et ma qualité de magistrat de cour supérieure, mon caractère de représentant du Tiers de la ville de Soissons, ma modération, l'honorable motion que j'étais allé faire, n'avait pu me garantir d'un pareil outrage. Bientôt je suivrai ma lettre pour porter aux pieds du trône ma réclamation.

Je ne reste que pour la mieux assurer par sa publicité dans une protestation solennelle.

Un citoyen prosterné devant le plus juste des rois ne peut être rebuté, mais pour la patrie, vu l'attentat qui va s'effectuer contre elle, plutôt que pour moi, je vous demande, Monseigneur, que ma prière perce la foule près de vous et que vous m'honoriez d'une prompte réponse.

Votre silence sur mes précédentes lettres, je l'ai vu dans la multitude de vos occupations; mais dans cette occasion votre justice sollicite vos premiers moments et votre sensibilité d'abréger une attente dont chaque moment est un tourment.

Je suis avec respect, Monseigneur, votre

très-humble et très-obéissant serviteur.

Signé : GOULLIART,

Député du Tiers de la ville de Soissons, procureur de Sa Majesté au bureau des finances de la généralité de cette ville.

Soissons, ce jeudi 12 mars 1789, trois heures après-midi.

(Archives impériales.)

SECONDE LETTRE
DE M. GOULLIART

A M. LE DIRECTEUR-GÉNÉRAL DES FINANCES,

relativement à ce qui s'est passé dans l'assemblée du Tiers-Etat de Soissons pour la nomination des députés aux Etats-Généraux.

14 mars 1789.

MONSEIGNEUR,

Je finis le rapport que j'ai eu l'honneur de vous adresser hier.

Je ne crains pas la moindre contradiction sur les faits qui y sont exposés, lorsqu'une preuve négative que tenteraient sans doute les coupables par ceux qui leur sont dévoués, ne peut se faire, j'ai l'honneur de vous annoncer, outre mon rapport qui doit faire foi à tous égards, la preuve complète par les plus considérables et en grand nombre de l'assemblée du Tiers, par ceux dont l'état et l'indépendance assurent que leur témoignage n'est que la vérité.

Par les prétendus jugements du lieutenant du bailli prononcés aux assemblées du Tiers et comme il les présidait, jugements dont je vais faire sommation au greffier du bailliage et, comme tel, secrétaire de l'assemblée du Tiers, de me délivrer expéditions, qu'il me refusera, afin que la preuve par écrit que je pourrai faire ne soit qu'à la disposition de ceux qui ont intérêt de l'altérer et qu'il en résulte que je sois peut-être obligé de recourir à la preuve testimoniale qu'heureusement il ne sera facile de faire de ces prétendus jugements prononcés devant le Tiers à l'assemblée du 10 dont deux ont été lus à l'ouverture de l'assemblée du 11.

J'ai eu l'honneur de vous annoncer, Monseigneur, que vous seriez plus révolté de ce que j'avais encore à vous mander, vous allez l'apprendre.

Le s^r Charpentier, lieutenant du bailli, avait quitté la séance de l'assemblée du Tiers tenue le 11 au matin, déjà, de la salle de cette assemblée il était passé à une chambre attenante, appelée chambre du conseil.

Les membres du Tiers se retiraient, les députés de la ville de Soissons n'étaient plus à leur place (circonstance remarquable) lorsque le s^r de Noirfosse, s'approchant du s^r Charpentier, le pria de rentrer dans la salle du Tiers, d'y remonter sur ce qu'il appelait son siége pour y *recevoir une dénonciation;* le s^r Charpentier n'hésite pas, bientôt il est sur son siége formidable, il prête une oreille attentive au dénonciateur en uniforme.

Le procureur du roi non moins complaisant, est prêt à requérir, l'assemblée se forme de nouveau en grande partie, tous les yeux se fixent sur l'orateur militaire, enfin il parle ;

Je vous denonce, dit-il au sʳ Charpentier, lieutenant du bailli, *la motion du sʳ Goulliart afin de faire retirer de la salle du Tiers, comme séditieuse, tendant à soulever le Tiers contre les cavaliers de maréchaussée; je demande acte de ma dénonciation.*

A l'instant le procureur du roi déclare *qu'il ne peut empêcher la dénonciation d'un citoyen.*

Le sʳ Charpentier, sur les conclusions du procureur du roi, *donne acte au sʳ de Noirfosse de sa dénonciation dans les mêmes termes où il venait de la faire, et cependant invite le sʳ de Noirfosse à maintenir les cavaliers de maréchaussée dans l'intérieur de la salle du Tiers pendant ses assemblées.*

Le secrétaire écrit l'ordonnance souveraine, un parti formé dans le Tiers applaudit des mains, se répand en injures contre moi.

Le sʳ de Noirfosse, les sʳˢ Charpentier et procureur du roi sortent comme après un triomphe, encore qu'ils eussent attendu la retraite de leur adversaire et d'une partie des députés de Soissons pour le remporter par une victoire aussi honteuse que facile.

C'est ainsi, Monseigneur, que ces trois personnes se distribuant des rôles d'oppression, divisés pour les moins importants entre des procureurs dévoués et répandus dans le Tiers, n'ont pas craint d'outrager et de flétrir autant qu'il était en eux, un citoyen intrépide, coupable à leurs yeux pour vouloir combattre l'abus criminel fait de leur caractère pour environner le Tiers de la crainte, pour vouloir s'opposer au despotisme dans lequel le sieur lieutenant du bailli et le sieur procureur du roi ont couvert une simple présidence du Tiers.

Et remarquez, Monseigneur, à quel oubli de tous les principes pouvaient conduire la passion et le ressentiment de la contrariété que trouvaient en moi ces trois hommes dans leur dessein si manifeste de diriger à leur volonté les suffrages du Tiers ou de sa majorité pour l'élection de nos députés aux Etats-Généraux.

Ou le s^r Charpentier ne se regardait que comme président de l'assemblée du Tiers, conformément au règlement, et dans ce cas pourquoi a-t-il reçu la dénonciation du s^r de Noirfosse et entendu le procureur du roi qui l'appuyait.

Ou le s^r Charpentier, lieutenant du bailli, se considérait comme juge, et dans ce cas il devait se récuser et s'abstenir de prononcer, car il est *mon beau-frère;* l'ordonnance n'a pu venir au secours de la nature qui devait glacer dans la bouche d'un frère ces mots *de séditieux*, érigé en jugement irrévocable contre la motion la plus juste contre un magistrat citoyen, honoré de la députation du Tiers de la ville de Soissons.

Remarquez encore, je vous supplie, Monseigneur, d'un côté la liberté, je dirai plutôt la licence accordée ou non empêchée par le lieutenant du bailli, par le procureur du roi à chaque membre du Tiers d'élever sa voix contre moi, quand je n'ai voulu qu'annoncer des vérités au sieur de Noirfosse de se faire entendre soit comme faisant des motions, soit pour haranguer le peuple, comme il est arrivé souvent dans les deux séances du Tiers, soit enfin pour dénoncer.

De l'autre, l'interdiction prononcée contre moi au commencement de l'assemblée du 11, pour que je ne puisse prononcer aucune parole et ce, sur les conclusions du procureur du roi, toujours requérant en vertu de l'ordonnance du sieur Charpentier, toujours prononçant, usurpateur de la puissance suprême, se faisant un titre : l'un du caractère le plus humble et le plus modeste, *celui de député d'un village* dans *l'assemblée du Tiers ;* les deux autres d'un réglement éternel monument de la sagesse du gouvernement, de la tendre sollicitude de Sa Majesté pour la liberté de son peuple dans ses assemblées préparatoires de l'assemblée nationale ; réglement où le pouvoir conféré au bailli est déterminé au seul *objet des questions de préséance dans l'ordre de la noblesse et du clergé,* non en le lui abandonnant à lui seul (comme se l'est arrogé sur le Tiers le sieur Charpentier), *mais en obligeant le bailli de ne prononcer qu'assisté de quatre membres du clergé ou de la noblesse et de leur avis ;* réglement enfin où le ministère du procureur du roi n'est appelé que pour la partie *d'exécution* de ses dispositions, concernant l'instruction tendant à la formation des assemblées des trois ordres ; où cette formation une fois faite, il n'est plus fait mention du procureur du roi, puisqu'il n'avait rien à requérir dans chaque assemblée, soit du clergé, soit de la noblesse, soit du Tiers, présidée par un membre du clergé, par le bailli et son lieutenant, sans pouvoir rien ordonner, ou au moins pour le bailli, avec pouvoir de *décider provisoirement après les opinions prises de quatre membres du clergé et de la noblesse,* des questions de préséance, sans les conclusions du procureur du roi, qui n'est pas plus procureur du roi des assemblées du clergé et de la noblesse qu'il ne l'est du Tiers, ce qu'il faudrait néanmoins qu'il prouvât pour justifier sa conduite aux deux assemblées du Tiers, des 10 et 11 de ce mois.

Avec le sceptre que le sieur lieutenant du bailli avait placé en ses mains et que le sieur procureur du roi lui a déféré pour en partager tous les droits sur des citoyens assemblés par la liberté dans l'enceinte et l'asile de la confiance, ouvert par le meilleur des rois, après avoir été si longtemps fermé, il est difficile, Monseigneur, de dire ce qui serait arrivé si la modération qui ne m'a point abandonnée n'eût pas été égale à l'autorité terrible que voulaient exercer le sieur lieutenant du bailli et le sieur procureur du roi.

J'ajouterai que si je ne crois pas devoir me retirer d'une assemblée où la liberté est bannie, il n'est pas aisé de prévoir ce qui résultera de ce combat de ma fermeté au moins, avec la force résidant dans le lieutenant du bailli armé du pouvoir législatif et qui a dans le sieur de Noirfosse, *se disant commandant la maréchaussée dans l'assemblée du Tiers,* dans un parti formé dans le Tiers, des exécuteurs de ses commandements, et dans le procureur du roi un ministère si respectable où la loi l'autorise, mais qui perd toute sa dignité où elle l'écarte, où son institution dénaturée ne présente en apparence les formes de la justice que pour offenser la liberté.

C'est néanmoins d'une pareille assemblée que doivent sortir les doléances de ce peuple si cher à son roi.

Sous un président qui se croit juge souverain, comment y votera-t-il contre l'abus d'autorité dans les juges?

En présence d'un procureur du roi qui annule en sa personne tous les genres de pouvoirs, comment ce peuple demandera-t-il que ce même officier ne soit pas à la fois procureur du roi, de la ville, du bailliage, du présidial, de la maréchaussée et de la chambre des domaines.

Il s'est fait nommer un des commissaires-rédacteurs des doléances.

Comment concourra-t-il à demander la suppression des péages qui désolent cette province, lui qui en a requis et fait ordonner le tarif à la chambre des domaines; lui qui est obligé de requérir les condamnations contre ceux qui veulent se soustraire au paiement de ces péages, et de déconcerter jusqu'aux moyens industrieux de s'en exempter?

Qui voudra s'exposer à ses réquisitoires, dès que de commissaire rédacteur de doléances, il redeviendra procureur du roi à l'assemblée du Tiers; à ses réquisitoires avec lesquels les ordonnances du redoutable lieutenant du bailli se confondent, et dont elles n'ont été séparées aux séances du Tiers du 10 et du 11 que par le temps que le procureur du roi a mis à conclure?

C'est ainsi que les larmes de tant de générations recueillies par celle-ci comme son triste et unique héritage, que les pleurs captives augmentées de tant de siècles, que ces pleurs que la bonté du roi faisait couler vers elle pour les tarir, vont être arrêtées ou contraintes pour cette province.

C'est ainsi que le vœu libre qui devait choisir nos représentants à l'Assemblée nationale va faire place à un choix où les suffrages de la confiance n'auront point de part.

L'urne qui ne doit s'ouvrir que pour des mains libres ne le sera que pour l'esclavage.

Il est temps encore, Monseigneur, de nous garantir de ces malheurs.

Ils seront éloignés de nous si ma voix pénètre jusqu'au prince par un ministre qui lui concilie l'amour et la vénération des Français.

Je demande à Sa Majesté justice pour la province et pour moi.

Je resterai prosterné aux pieds du roi, jusqu'à ce que Sa Majesté daigne prononcer ma justification.

Mon état, mon honneur, mon caractère de représentant du Tiers de cette ville sont compromis par une dénonciation audacieuse, par un prétendu jugement qui l'a consacrée, par la publicité qu'il a reçue, par le dépôt qui contient cette injuste et incompétente ordonnance.

Je vous prie avant mercredi 18, qu'une lettre de vous, Monseigneur, adressée, non à l'intendant que vous avez vu dans la première partie de ce rapport ne pouvoir être ni consulté, ni porteur d'ordre, puisque le sieur Charpentier, lieutenant du bailli, est son subdélégué, possède toute sa confiance, puisqu'un autre subdélégué adjoint est intime ami du sieur de Noirfosse, puisque M. l'intendant, dont la justice cependant m'est connue, a été ma partie l'année dernière au conseil, où il a obtenu au département de la voirie plusieurs arrêts du conseil *qui m'ont débouté de mes demandes*, faits dont je me réserve de vous rendre compte.

Mais à M. le grand bailli.

Défense au nom du roi, *au procureur du roi d'assister aux assemblées du Tiers*.

Au s^r Charpentier, *d'y faire aucunes fonctions de juge*. Si S. M. ne se détermine pas, comme tout le sollicite, et pour rendre la liberté que sa présence seule aurait ôtée au Tiers, à commettre, attendu les faits ci-dessus, un autre officier pour présider l'assemblée du Tiers.

Au s^r de Noirfosse, *d'y commander la maréchaussée*. Si S. M. ne croit pas devoir, comme l'exige encore la liberté dont elle a entendu que jouisse le Tiers, comme le demande aussi la conduite qu'il a tenue aux séances du Tiers des 10 et 11, à lui faire défense d'y assister comme un des députés d'un village où il demeure et où il a la plus grande influence.

A aucun cavalier de maréchaussée de se tenir dans le lieu des séances du Tiers pendant ses assemblées.

Aux avocats, procureurs et praticiens des

villes qui se sont faits députer par les paroisses où ils ont leurs pères juges seigneuriaux, d'assister aux assemblées du Tiers, près duquel ils entretiennent le dévouement à un parti qui veut arriver à la députation aux Etats-Généraux du Tiers qu'ils dominent comme leurs juges.

Une lettre qui ordonne au *secrétaire de l'assemblée du Tiers*, qui, aux termes du règlement, est le greffier du bailliage, d'expédier et vous adresser incontinent toutes les prétendues ordonnances rendues pendant les assemblées du Tiers des 10 et 11 par le lieutenant du bailli.

Lesquelles ordonnances je vous supplie, Monseigneur, de faire casser, le plus promptement possible par un arrêt du conseil comme attentatoires à l'autorité du roi et à la liberté du Tiers de ce bailliage dans ses assemblées, au droit de la province, de la nation et du citoyen.

Et surtout celle qui m'a frappé, celle où le sr Charpentier, lieutenant du bailli, n'a pas craint de faire servir un pouvoir illégal à sa vengeance (car depuis 1782, il plaide injurieusement contre moi, autre cause de récusation qu'il a méconnue).

Je livre à votre indignation ce criminel usage fait du nom du roi, par une usurpation d'une autorité que S. M. n'avait pas confiée au sr Charpentier et au sr procureur du roi.

Mais avant de finir, je ne peux trop avoir l'honneur de vous supplier de prévenir *peut-être les attentats* dans la prochaine assemblée du Tiers du 18 de ce mois au matin, combattu entre la crainte de les voir arriver et la nécessité de me trouver à cette assemblée, si je ne veux pas priver la ville de Soissons d'un député qu'elle a en moi, si je devenais victime de mon dévouement, s'il se passait dans cette assemblée des événements affligeants pour un ministre si sensible que vous, Monseigneur, et que l'autorité que j'aurai sollicitée ne se soit pas interposée, au moins, Monseigneur, je n'aurai rien à me reprocher, pas même de n'avoir pas pris soin d'assurer la prompte réponse que je vous supplie de m'accorder et le succès de ma réclamation en opposant d'avance au s^r de Noirfosse (que quelqu'un protége à la cour), au s^r procureur du roi et au s^r Charpentier (qui sont assurés que toute l'honnêteté de M. de Blossac, intendant de Soissons (mais qui sera trompé), ne l'empêchera pas de les soutenir, le suffrage et j'ose dire l'amour de mes concitoyens qui répondront pour moi que ma prudente fermeté n'est point d'un *séditieux*, d'un homme *novateur*, *emporté*, *factieux*, noms odieux toujours employés près les ministres pour décrier le zèle, pour lui ôter ce qu'il a de respectable quand il est modéré, en le ridiculisant, dernière arme de l'injustice.

Je suis avec respect, Monseigneur, votre très-humble et très-obéissant serviteur,

Signé : GOULLIART, proc^r *du roi*.

Soissons, le 14 mars 1789.

P.-S. — J'ai fait sommation au secrétaire de l'assemblée du Tiers de la ville de Soissons de me délivrer tous les prétendus jugements rendus sur les conclusions du procureur du roi par le sr Charpentier, président le Tiers et pendant ses séances des 10 et 11.

La réponse du greffier a été qu'ils n'étaient pas signés, mais qu'il me les délivrerait le lendemain qui est aujourd'huy.

Ce matin il me signifie un acte qui équivaut à un refus.

Demain j'aurai l'honneur de vous adresser ma sommation et la signification du secrétaire.

Vous y reconnaîtrez, Monseigneur : 1° l'irrégularité de la conduite du sr lieutenant du bailli en ne faisant point de procès-verbaux des assemblées du Tiers qui ne sont point signés depuis le 11 que les assemblées ont cessé.

2° Que ces prétendus jugements ont été rendus, car en ma sommation je détaille leur prononcé, et dans sa réponse insérée en cette sommation le secrétaire me fait dire *qu'ils ne sont pas encore signés.*

Où vous voyez encore, Monseigneur, la possibilité de les altérer et l'usage qu'en peut faire la nécessité de se rendre moins coupable, à quelque prix que ce soit.

(*Archives impériales.*)

SOMMATION du sieur Goulliart au sieur Waubert, greffier secrétaire du Tiers-État, du 13 mars 1789.

M. Goulliart, le 13 mars 1789, fait sommation par huissier à M. Waubert, secrétaire du Tiers-

Etat du bailliage de Soissons, de lui délivrer expédition de plusieurs *prétendus* jugements rendus par le lieutenant du bailli sur les conclusions du procureur du roi.

Savoir :

1° D'un prétendu jugement rendu par le lieutenant du bailli à l'assemblée du Tiers tenue le 10, lu à celle du 11, qui a donné acte au procureur du roi de la dénonciation d'un imprimé qui circulait et dans lequel étaient dénoncés ceux qui devaient être écartés pour députés aux Etats généraux, tels que les subdélégués d'intendance, les juges des seigneurs, leurs receveurs, fermiers et autres dont les suffrages ne seraient pas libres en faveur du Tiers, a ordonné que cet imprimé serait supprimé, que les personnes exerçant lesdites fonctions désignées par ledit imprimé pourraient être électeurs et élues, qui a ensuite réservé au procureur du roi à prendre par la suite telles autres conclusions qu'il aviserait.

2° D'un autre prétendu jugement rendu à ladite assemblée du Tiers du 10, par lequel, sur les conclusions du procureur du roi, ledit sieur lieutenant du bailli a ordonné que l'assemblée serait prorogée au 11 et que chaque membre du Tiers-Etat dresserait chez lui une liste de ceux qu'il désirerait pour commissaires pour la rédaction du cahier des doléances des villes, bourgs et villages dudit bailliage et l'apporterait à l'assemblée du 11.

3° Le prétendu jugement rendu pareillement sur les conclusions du procureur du roi, dès le commencement de l'assemblée du 11 par lequel ledit lieutenant du bailli a donné acte audit procureur du roi de la dénonciation qu'il lui faisait d'une carte qu'il a dit circuler dans ladite assemblée, sans dire ce qu'elle contenait, sans en requérir le dépôt au secrétariat de l'assemblée a ordonné qu'elle serait supprimée.

4° Enfin d'un prétendu jugement rendu en l'absence du sieur Goulliart, après l'assemblée du 11, et comme elle était terminée par ledit sieur lieutenant du bailli remonté, sur l'invitation du sieur de Noirfosse, à sa place qu'il avait quittée, de la motion comme séditieuse tendant à soulever le Tiers, que ledit sieur Goulliart avait faite au commencement de cette assemblée, afin de faire retirer de l'intérieur de la salle les cavaliers de maréchaussée qui y étaient, et que ledit sieur de Noirfosse, député de la paroisse de Bucy, avait déclaré audit sieur Goulliart commander, a donné acte par ledit prétendu jugement, et après consentement dudit procureur du roi, qui a déclaré qu'il ne pouvait empêcher la dénonciation d'un citoyen, de la dénonciation de ladite motion comme séditieuse et invité ledit sieur de Noirfosse à maintenir lesdits cavaliers dans l'intérieur de ladite salle d'assemblée du Tiers dudit bailliage ; lesdits prétendus jugements prononcés en présence d'une grande partie du Tiers qui n'avait fait que commencer à se retirer.

Et encore ledit prétendu jugement applaudi des mains par un parti excité contre ledit sieur Goulliart, contre lequel ce parti s'est permis des propos offensants et injurieux.

Le sieur Waubert a répondu qu'il ne refuse pas l'expédition de ces jugements, mais que, comme ils ne sont pas encore signés par le lieutenant du bailli, il ne pouvait la délivrer quant à présent.

(*Archives impériales.*)

RÉCLAMATION et protestation du s^r Goulliart, procureur du roi au bureau des finances de la généralité de Soissons, l'un des députés du Tiers-Etat de la même ville à l'assemblée du bailliage.

(14 mars 1789.)

L'injure faite publiquement au s^r Goulliart dans l'assemblée du Tiers du 11 mars 1789, l'autorité abusive exercée contre lui et dans sa personne contre tous les citoyens formant cette assemblée, ne lui laissent que l'alternative de souscrire au déshonneur et à l'espèce de flétrissure dont on a voulu le couvrir et de violer par un lâche silence les devoirs que lui impose son caractère de député du Tiers-Etat de la ville de Soissons; ou de repousser par une juste défense l'attaque indécente qu'on s'est permise contre lui, et de réclamer par un acte authentique la justice qui lui est due.

Il est donc forcé de recourir à l'autorité du roi et de dénoncer en même temps au public les protestations qu'il a fait signifier :

1° Contre l'inculpation qui lui est faite d'avoir tenu dans l'assemblée du 11, des propos séditieux et tendant à soulever cette même assemblée.

2° Contre les réquisitoires et jugements prononcés dans les deux séances, notamment contre ceux qui ont reçu l'accusation intentée contre lui.

3° Contre la présence du procureur du roi dans l'assemblée du Tiers, où cet officier n'a aucun droit d'exercer les fonctions du ministère public, et contre les entreprises du lieutenant du bailliage qui n'a pu exercer en cette même assemblée aucune fonction de juge.

4° Contre la présence des cavaliers de maréchaussée dans l'intérieur de la salle du Tiers, sous le commandement d'un député de paroisse de campagne, qui est en même temps inspecteur de maréchaussée.

5° Contre le défaut de liberté des assemblées du Tiers des 10 et du 11.

6° Contre l'empêchement apporté par une ordonnance du lieutenant du bailliage rendue sur les conclusions du procureur du roi, à ce que le sr Goulliart pût s'énoncer à la séance du 11 en faveur de toute l'assemblée.

Il est d'autant plus important de rapporter ce qui s'est passé dans les séances du 10 et du 11, que, d'après les déclarations faites par le secrétaire de l'assemblée dans un acte extrajudiciaire du 13, il n'existe encore aucun acte authentique qui puisse tenir lieu du procès-verbal qui aurait dû être dressé et signé à chaque séance de l'assemblée.

La première a été tenue le 10 mars dans l'auditoire du bailliage qui avait été désigné par M. le bailli, présidant l'assemblée générale du même jour.

Le procureur du roi a pris séance à cette assemblée du Tiers-Etat dans le banc destiné aux gens du roi de la juridiction; il a commencé par faire acte de son ministère en dénonçant au lieutenant du bailliage un avis imprimé qu'il disait avoir été répandu dans la ville et tendant à exclure du nombre des électeurs et des éligibles : toutes personnes exerçant des fonctions ou possédant des places qui pourraient les faire regarder comme dépendantes, telles que celles de subdélégués des commandants et intendants, les juges seigneuriaux, leurs receveurs et fermiers; en demandant ensuite la suppression de cet imprimé.

Ce réquisitoire a été suivi sur-le-champ d'un jugement du lieutenant du bailliage, *qui a donné acte au procureur du roi de la dénonciation par lui faite, ordonné la suppression de l'imprimé et déclaré au contraire que tous ceux désignés dans l'avis pouvaient être électeurs et élus.*

Dans la même séance du 10, le procureur du roi s'annonçant comme l'interprète du vœu de l'assemblée, a requis et fait ordonner qu'il serait nommé pour la rédaction des cahiers de doléances, 35 commissaires parmi les députés qui apporteraient chacun à la séance du lendemain la liste de ceux à qui ils entendaient donner leur suffrage pour cette opération.

L'assemblée du 11 a été ouverte, comme celle de la veille, par un réquisitoire du procureur du roi qui, oubliant sans doute ce qu'il avait requis et fait ordonner la veille, a dénoncé une carte sur laquelle il a prétendu qu'étaient inscrits des noms de commissaires désignés pour la rédaction des cahiers de doléances, quoique cette carte n'ait point été lue ni représentée, la suppression en a été ordonnée aussitôt par le lieutenant du bailliage.

Tels sont les faits d'après lesquels le s^r Goulliart voyant qu'on cherchait à engager l'assemblée par des actes qui ne peuvent jamais suppléer l'expression du vœu des députés qui la composent, et de l'autre une contravention manifeste au règlement du 24 janvier, a demandé *qu'il lui fût permis de représenter que le procureur du roi n'avait aucun droit de requérir, ni même d'assister à l'assemblée du Tiers, et que le lieutenant du bailliage ne pouvait que la présider sans y faire les fonctions de juge.*

Le sieur Goulliart avait à peine commencé cette motion, que le procureur du roi, sur l'invitation du lieutenant du bailliage, s'est levé pour interdire la parole au sieur Goulliart, en prétendant qu'il n'avait pas le droit de parler, au nom des députés ; le lieutenant du bailliage n'eût pas plutôt prononcé conformément à ce réquisitoire, que la maréchaussée fut requise de faire faire silence.

C'est alors que le sieur Goulliart attaqué personnellement et d'une manière aussi injurieuse, a cru devoir *réclamer, comme citoyen, la liberté dont on prétendait lui interdire l'usage, en se plaignant de ce que l'assemblée était investie au dedans de gens armés dont la présence ne pouvait que gêner les délibérations.*

Mais sur cette demande, le sieur de Noirfosse, présent à cette assemblée comme député de la paroisse de village où il fait sa résidence, dit au sieur Goulliart, *que sa motion était séditieuse, qu'elle tendait à soulever l'assemblée, que lui, sieur de Noirfosse, avait sous ses ordres les cavaliers de maréchaussée qui étaient dans l'assemblée, et qu'il avait été requis par le lieutenant du bailliage de les y placer.* (Le sieur de Noirfosse était revêtu de l'uniforme d'inspecteur général).

L'avantage donné au sieur de Noirfosse, par l'approbation du lieutenant du bailliage, fut bientôt suivi de quelques applaudissements mendiés qui ne laissèrent plus au sieur Goulliart d'autre parti que de se retirer et de confondre ainsi par une modération à laquelle on ne s'attendait pas, la cabale suscitée contre lui.

Peut-être même (en considération de ce qu'une partie de l'assemblée paraissait s'être déclarée alors contre lui par un mouvement, que sans doute elle désavouera, quand elle saura que ceux qui l'avaient excitée la trompaient) le sieur Goulliart aurait-il gardé le silence sur un incident aussi désagréable et aussi peu mérité.

Mais il est informé que pour achever de le perdre et soulever contre lui l'assemblée entière, on a comblé l'outrage par un abus d'autorité d'autant plus répréhensible qu'il ne peut être que le fruit d'un attentat réfléchi.

Dans quelle autre vue pourrait-on supposer, en effet, le moindre prétexte au renouvellement de l'inculpation qui lui avait été faite, si elle n'eût été concertée entre l'accusateur, le procureur du roi et le juge?

C'est après avoir terminé tous les objets sur lesquels l'assemblée avait à délibérer, après un intervalle de plus de trois heures, pendant lequel on avait eu le temps d'oublier ce qui s'était passé entre le s^r Goulliart et le s^r de Noirfosse; c'est au retour d'une députation qui apportait sa réponse au lieutenant du bailliage, à la chambre du conseil où il était rentré, que le s^r de Noirfosse a requis ce juge de remonter sur son siége, pour y recevoir la plainte qu'il se proposait de réitérer juridiquement contre celui dont l'absence lui assurait un triomphe facile.

Par l'effet d'une injuste condescendance, le lieutenant du bailliage reprend des fonctions qu'il n'avait pas le droit d'exercer, pour entendre l'accusation en forme intentée par le s^r de Noirfosse contre le s^r Goulliart, et celui-ci est pour la seconde fois dénoncé comme ayant tenu des propos séditieux et factieux.

Mais ce qui doit révolter autant que surprendre, le s^r Charpentier, lieutenant du bailliage, beau-frère de celui qu'on accuse, provoque lui-même la vindicte publique, en demandant les conclusions du procureur du roi, et cet officier s'empresse de requérir *qu'il soit donné acte au s^r de Noirfosse de sa dénonciation et qu'il lui soit permis de se pourvoir.*

L'on entend aussitôt le lieutenant du bailliage prononcer *en donnant acte à M. de Noirfosse de la dénonciation par lui faite des propos factieux et séditieux tenus par le s^r Goulliart,* ainsi que des inculpations par lui faites à mondit s^r de Noirfosse (le s^r de Noirfosse a imaginé des inculpations sur lesquelles il est fort facile de le démentir et de le confondre, par le témoignage de ceux qui étaient près de lui et qui attesteront que le s^r Goulliart n'a rien dit de plus que ce qui est rapporté dans sa protestation); *sur laquelle dénonciation le procureur du roi prendrait telles conclusions qu'il aviserait, et cependant le même juge invite M. de Noirfosse, du consentement de l'assemblée, à placer le corps de maréchaussée de manière à veiller à la sûreté publique et au maintien du bon ordre.*

Le seul mouvement que pouvait exciter la prononciation de ce jugement était celui de l'indignation, mais le s^r Goulliart se refuse encore à l'impression qu'il ressent d'un affront aussi sensible; sa cause personnelle doit faire place ici à de plus grands intérêts.

On n'a pu qualifier de séditieuse une motion qui ne tendait qu'à éclairer les députés sur des principes méconnus par ceux qui ont cru pouvoir substituer aux dispositions précises du règlement des actes d'autorité arbitraire.

Le silence qui a été imposé au s^r Goulliart par le procureur du roi et le lieutenant du bailliage est pour tous les députés qui composent l'assemblée du Tiers, une violation de leur droit; pour ceux du Tiers-Etat de la ville, c'est un outrage. Il prouve la contrainte dans laquelle on voulait retenir les uns et les autres.

La nomination de ces députés ne serait-elle

pas en effet dérisoire, si aucun d'eux ne pouvait y parler que du consentement du ministère public et en vertu de l'ordonnance du juge, et si ces deux officiers pouvaient arrêter le cours d'une motion.

Ce système destructeur de la liberté n'a pas été cependant adopté sans exception. Quelques députés, plus favorisés, sans doute, que le s·r Goulliart, ont joui du droit dont on voulait le priver; ce qui rend encore plus injurieuse l'interdiction prononcée contre lui.

Mais si l'on a réussi à imposer silence à celui qui ne réclamait que l'exécution de la loi, on s'efforcerait en vain de rendre sans effet les vérités utiles qu'il aurait développées dans sa motion, si elle n'eût pas été interrompue.

Il suffit de lire le règlement du 24 janvier pour se convaincre qu'il n'admet le concours du ministère public à aucune des assemblées générales ou particulières des trois ordres.

L'article 8 en accordant au procureur du roi le droit *d'assister le bailli ou son lieutenant*, limite ce même droit *à faire toutes les réquisitions ou diligences nécessaires pour procurer l'exécution des lettres de convocation;* là finit son ministère.

S'agit-il ensuite de former les assemblées ? On voit par les articles 40 et suivants, que le procureur du roi n'est plus nommé, parce que les députés des différents ordres ayant été appelés et admis sous la foi du serment, n'ont plus qu'à se réunir pour délibérer librement et que cette liberté serait illusoire si elle pouvait être subordonnée au consentement du ministère public ou à la prescription d'un juge.

Ce qui est réglé à cet égard pour le clergé et la noblesse, l'est également en faveur du Tiers-État. Ce n'est point à la prééminence qui distingue les deux premiers ordres qu'est accordée la liberté, elle est en ce moment l'apanage de tout citoyen ; le lieutenant du bailliage n'a pas plus de juridiction sur le Tiers que les présidents du clergé et de la noblesse n'en ont sur ces deux ordres.

Il a en moins encore, s'il est permis de le dire, sur le Tiers-Etat qu'il n'en peut réclamer en l'absence du bailli, sur le clergé et la noblesse, lorsqu'il s'élève quelques difficultés sur la justification des titres et qualités, puisque dans ce cas seulement il peut décider provisoirement, mais assisté de quatre ecclésiastiques ou de quatre gentilhommes, ce qui ne peut avoir lieu pour les députés du Tiers qui ne doivent être distingués dans l'assemblée de leur ordre par aucun rang ni prérogatives.

Rien de plus irrégulier, par conséquent que les réquisitoires et jugements prononcés aux séances des 10 et 11 mars; et comment légitimer d'après ce principe reconnu, la présence d'un procureur du roi sans droit ni caractère à l'assemblée du Tiers, lorsqu'il n'est d'ailleurs, comme citoyen, le représentant d'aucun corps de la ville qui aurait pu le députer?

En vain essaierait-on de présenter comme indifférente cette présence, ainsi que la forme judiciaire adoptée pour les délibérations prises dans l'assemblée du Tiers, sous prétexte que le procureur du roi et le juge n'ont fait que sanctionner ce qui avait été consenti par les députés.

D'abord il est bien important de faire distinguer dans les réquisitoires et jugements ce qui pourrait faire présumer le concours des suffrages, d'avec ce qui en était indépendant. Et pour en citer un exemple, supposera-t-on que la suppression de l'avis imprimé qui a été requise et ordonnée à l'ouverture de la première séance ait été l'expression du vœu général ? Peut-on regarder comme indifférent que les distributeurs de cet avis aient paru répréhensibles aux yeux de la justice pour être seulement contrevenus aux règlements de police, ou pour avoir hasardé une opinion qu'on rejeterait comme condamnable ? Le juge et le procureur du roi n'ont pas excédé leurs pouvoirs, l'un en exerçant sa censure, l'autre en proscrivant judiciairement cette opinion qu'ils avaient peut-être intérêt de combattre, pour y substituer par une décision contraire, celle qu'ils désiraient faire prévaloir, *que tous ceux désignés dans l'avis pourraient être électeurs et élus.*

La nomination des commissaires au nombre de 35 pour la rédaction des cahiers de doléances a encore été ordonnée sur les conclusions du ministère public. C'était le vœu d'une première commission choisie par le lieutenant du bailliage, d'après une liste concertée entre lui et le procureur du roi.

On dira peut-être que le silence de l'assemblée sur cette proposition suffisait pour faire présumer son acquiescement, parce que personne n'a réclamé. Le même motif sera encore employé pour justifier l'arrangement fait par le procureur du roi seul, pour distribuer les députés des paroisses en autant de cantons qu'il devait être nommé de commissaires à l'effet de former, avec ceux de la ville, le nombre de 35.

On a laissé également anéantir une première nomination qui avait été faite des 5 commissaires par les députés de la ville de Soissons pour admettre à une seconde quelques praticiens députés des paroisses de village, quoiqu'ils eussent déjà consommé leur droit pour les mêmes paroisses.

Enfin ces praticiens sont parvenus à mettre au nombre des commissaires de la ville le procureur du roi qui n'est ni député, ni représentant d'aucun corps et que son ministère exclut de toute délibération, et ces actes ont été faits aussi sans réclamation.

Faut-il en conclure qu'ils sont réguliers ? Oserait-on les produire comme le résultat d'autant de délibérations libres et réfléchies, lorsque la notoriété publique atteste le contraire, lorsque le silence même, dont on voudrait se faire un titre, était déjà l'effet de la contrainte contre laquelle on réclame ; lorsqu'enfin ce silence était de la part des députés de Soissons une suite de l'esprit de sagesse et de modération qui seul pouvait prévenir des écarts que faisait craindre la licence (cette licence a paru si scandaleuse que le lieutenant du bailliage a cru devoir imposer lui-même silence à l'un d'eux) des praticiens toujours organes de l'assemblée qu'ils ne consultaient pas.

La demande du s⁓ Goulliart tendant à faire retirer la maréchaussée de l'intérieur de la salle avait d'abord paru moins fondée, parce que le s⁓ de Noirfosse qui la commandait a déclaré *qu'elle n'avait été introduite qu'à la réquisition du juge et du procureur du roi et qu'elle était plutôt une garde d'honneur que de surveillance.*

Mais était-ce un motif de traiter de séditieuse une pareille motion faite au sein d'une assemblée réunie par la confiance et la légalité? Lorsqu'on voit des cavaliers armés répandus dans l'assemblée sous les ordres d'un commandant, qui est en même temps député d'une paroisse, lorsque cet officier supérieur réclame l'autorité du juge pour s'opposer à la juste réclamation d'un citoyen, et le réduire au silence; on sentira combien l'appareil imposant de la maréchaussée soutenant le tribunal, et du tribunal appuyant la maréchaussée, devient redoutable pour un grand nombre de citoyens qu'il est si facile d'intimider.

Est-ce donc ainsi qu'on peut espérer de voir remplir les vues bienfaisantes du meilleur des rois? Que doit-on attendre des députés d'une assemblée qui serait aussi peu libre dans le choix de ses scrutateurs et de ses représentants à l'assemblée nationale, qu'elle l'a été dans les délibérations préliminaires à ces actes importants?

Serait-il possible que les larmes de tant de générations recueillies par celle-ci comme son triste et unique héritage, que ces larmes captives que la bonté du roi fait couler vers lui, pour en tarir la source, fussent arrêtées ou contraintes pour une partie de cette province ?

Cette crainte agite, sans doute, en ce moment, les citoyens qui composent l'assemblée du Tiers. Elle doit surtout faire impression sur cette classe si nombreuse et si utile à l'Etat, mais ignorée et pour ainsi dire méconnue jusqu'à présent; et l'on voudrait faire un crime au citoyen qui a osé élever la voix pour réclamer en faveur de la liberté ; c'est par une prescription déshonorante, c'est en calomniant ses intentions les plus pures qu'on voudrait reconnaître le zèle qu'il a montré.

C'est le plus proche parent du s^r Goulliart qui n'hésite pas de consacrer contre lui les qualifications les plus odieuses par un jugement auquel une cabale ameutée s'empresse d'applaudir, par un jugement que le lieutenant du bailliage n'avait pas le droit de rendre comme président, ou pour lequel il devait se récuser comme juge. L'ordonnance n'a pu venir au secours de la nature, qui devait glacer dans la bouche d'un frère ces mots flétrissants de *séditieux et de factieux*, prononcés contre un magistrat, honoré de la députation du Tiers-Etat de la ville de Soissons.

Tout se réunit en faveur de celui qu'on accuse. Il est plus aisé de caractériser d'un seul trait ses persécuteurs.

C'est un militaire à qui l'honneur doit être cher qui provoque la flétrissure d'un citoyen.

C'est le défenseur de l'innocence, c'est le

procureur du roi qui fait servir son ministère à l'oppression.

C'est le président de l'assemblée du Tiers qui se transforme en juge souverain, pour exercer contre un député le pouvoir le plus terrible.

La liberté violée, les lois méprisées, la nature outragée, l'honneur de la magistrature réclament tout pour lui.

Tels sont les motifs des protestations signifiées à la requête du sr Goulliart, dans lesquels il persiste, en déclarant qu'il s'est pourvu pour solliciter de la justice et de la bonté du roi la cassation des réquisitoires et ordonnances, tant du procureur du roi que du lieutenant du bailliage de Soissons, se réservant toute action personnelle par la voie extraordinaire contre le sr de Noirfosse, pour obtenir la réparation de l'injure qui lui a été faite par cet officier, comme aussi de prendre à partie qui bon lui semblera.

Signé : GOULLIART.

(Archives impériales.)

Lettre de'nvoi de la protestation du sr Goulliart au garde des sceaux.

MONSEIGNEUR,

J'ai l'honneur de vous adresser une protestation ci-jointe, en vous suppliant de vouloir bien la mettre sous les yeux de S. M. La vérité présentée par un ministre protecteur comme chef de la magistrature est sûre de son succès. Déjà et depuis vendredy, Mr Necker est instruit.

Nous regrettons vivement que les ordres de S. M. nous étant parvenus, le schisme qui vient d'éclater aujourd'hui en notre assemblée du Tiers n'ait point été empêché; mais, lorsque d'un côté, on y a suivi la fermeté pour réclamer les principes, de l'autre la persévérance à perpétuer les abus repris en ma réclamation, la dissolution de l'assemblée du Tiers était inévitable.

Cependant comme la partie de cette assemblée qui est restée liée par sa crédulité, n'a pas encore nommé ses députés aux Etats, il serait plus facile de tout faire rentrer dans l'ordre, si la décision de S. M. était connue avant cette nomination, que nous croyons néanmoins que le parti qui nous est opposé va hâter par cette raison même qui nous fait désirer qu'elle soit faite dans l'état de liberté par l'assemblée qui en est privée.

Je suis avec un profond respect, etc.

Signé : GOULLIART.

Soissons, le 18 mars 1789.

(Archives impériales.)

Réponse du garde des sceaux à M. Goulliart.

Versailles, le   mars 1789.

MONSIEUR,

Je ne saurais approuver la protestation que vous m'avez adressée, et je trouve principalement blâmable la publicité que vous vous êtes permis de lui donner par la voie de l'impression; les motifs sur lesquels vous vous êtes cru fondé à faire cette protestation manquent en général de solidité; d'abord l'inculpation dont vous vous plaignez pouvait bien vous faire désirer une justification et c'était ce que vous deviez vous borner à demander; mais il me paraît que c'est vous-même qui avez donné lieu à cette inculpation par la réclamation que vous avez élevée et que vous avez cherché à faire adopter par l'assemblée contre la présence du procureur du roi, auquel vous avez mal à propos contesté le droit d'assister à toutes les séances auxquelles le lieutenant-général préside. L'article 8 accorde le droit au procureur du roi, et comme c'est cette prétention de votre part qui a donné lieu aux réquisitions dont vous vous plaignez, c'est à votre défaut de prudence que vous devez imputer les désagréments que vous avez éprouvés. Le procureur du roi a fait sagement de dénoncer les avis imprimés et les cartes que l'on faisait circuler, et le lieutenant-général devait, comme il l'a fait, en prononcer la suppression. Je ne vois pas ce que vous trouvez de répréhensible dans cette conduite. A l'égard de la présence des cavaliers de maréchaussée, il ne me paraît pas qu'elle ait donné aucune inquiétude à l'assemblée ni qu'elle ait excité d'autres réclamations que la vôtre. Vous sentez, Monsieur, qu'en faisant imprimer une protestation par des motifs aussi mal fondés, je ne puis voir dans cette démarche que le dessein d'occasionner de la division et du trouble dans l'assemblée, et je ne puis m'empêcher de vous faire connaître que cette conduite ne s'accorde point avec l'esprit de modération qu'il était si nécessaire d'apporter dans les assemblées et dont vous personnellement ne deviez jamais vous écarter.

Je suis, Monsieur, votre affectionné à vous servir.

(Archives impériales.)

Lettre de Mʳ de Beffroy, grand bailli d'épée du Soissonnais, à Mʳ Brayer, lieutenant-général de police à Soissons. du 20 mars 1789.

J'ai communiqué, Monsieur, à l'ordre de la noblesse, la proposition que vous m'avez faite hier de lui déférer les difficultés qui se sont élevées dans l'assemblée du Tiers-État. Je me suis chargé, Monsieur, de vous faire part que la noblesse a délibéré qu'elle ne pouvait ni ne devait prendre connaissance d'objets qui lui étaient étrangers, ni donner de décisions ou d'avis qui pourraient retarder les opérations commencées. D'après cette réponse, je n'ai pas cru devoir communiquer la même proposition à l'ordre du clergé.

J'ai l'honneur d'être, etc.

(Archives impériales.)

MM. Brayer, Goulliart et autres, assistés de Mᵉ Charré, notaire, et de deux témoins, se transportent chez Mᵉ Vaubert, greffier du bailliage, et chez Mᵉ Liébert, procureur, qui a rempli les fonctions de secrétaire par suite de l'indisposition de Mᵉ Vaubert, pour demander communication du procès-verbal de l'assemblée du Tiers-Etat.

M⁰ Liébert répond que ce procès-verbal était entre les mains du lieutenant-général du bailliage, qui avait décidé qu'il ne serait signé que par lui, le procureur du roi et le secrétaire.

Acte de cette réquisition et réponse a été donné à MM. Goulliart, Brayer et autres. (20 mars 1789.)

(Minutes de M⁰ Charré.)

Mémoire de MM. Goulliart, Brayer et autres, au directeur général des finances, du 23 mars 1789.

L'assemblée du Tiers-Etat du bailliage de Soissons a tenu ses séances les 10, 11, 18, 19 et 20 mars 1789; la commune avait nommé *huit députés* qui ont assisté aux séances des 10 et 11, mais à l'ouverture de celle du 18, *sept de ces députés* se sont retirés, après avoir déclaré qu'ils ne croyaient pas devoir concourir à des opérations pour lesquelles les députés n'avaient pas plus la liberté de délibérer que de résoudre.

Ces sept députés de la ville et plusieurs des campagnes qui se sont joints à eux, ont souscrit un acte de protestation qu'ils ont fait rédiger sur-le-champ et dans lequel ils déclarent formellement qu'ils n'entendent apporter aucun obstacle ni retard aux opérations ultérieures de l'assemblée; aussi tout a-t-il été terminé sans aucune opposition de leur part; ils ont eu en même temps l'attention de ne faire signifier ni publier aucun acte justificatif de leurs démarches, ils se borneront à les soumettre à la justice et à la sagesse du conseil.

Leur retraite de l'assemblée prive la ville de Soissons et plusieurs paroisses de campagne de leurs députations presqu'entières ; ils ont donc le plus grand intérêt de faire connaître le motif et les circonstances qui seuls pouvaient justifier le parti qu'ils ont été forcés de prendre.

C'est dans le règlement du 24 janvier dernier, ainsi que dans la lettre du roi qui précède ce règlement qu'ils trouvent cette justification.

S. M. déclare dans les lettres de convocation, *que les trois ordres du bailliage s'assembleront pour conférer et pour communiquer ensemble, tant des remontrances, plaintes et doléances que des moyens et avis qu'ils auraient à proposer en l'assemblée générale des Etats, et ce fait, élire, choisir et nommer leurs députés à cette même assemblée générale.*

Il n'est pas une seule disposition du règlement qui ne se trouve expliquée par cette expression si précise de la volonté du souverain, il en résulte clairement que tout ce qui, dans l'exécution, a pu porter atteinte à la liberté des députés, est une contravention au règlement ; tel est le motif de la réclamation de ceux qui se sont retirés de l'assemblée du Tiers-Etat du bailliage de Soissons ; ils se plaignent et offrent de prouver que dans cette assemblée, le lieutenant-général et le procureur du roi du bailliage, par l'abus d'une autorité qu'ils n'avaient pas le droit d'exercer, ont substitué autant d'actes judiciaires aux délibérations qui devaient être prises.

Il n'existe constamment aucun acte authentique qui puisse être présenté au conseil comme le résultat des opérations faites dans l'assemblée du Tiers, puisqu'*aucun des députés qui la composaient n'a signé ni été requis de le faire,* le procès-verbal qui sera envoyé n'est souscrit *que du lieutenant-général, du procureur du roi et du greffier,* et d'un procureur du siége qui a rempli pour ce dernier les fonctions de secrétaire, sans avoir été pour ce choisi ni agréé par l'assemblée.

Il est encore certain que ce procès-verbal n'a été rédigé ou au moins fini qu'après la dissolution de l'assemblée.

Quelque soit, au surplus, cet acte et de quelque manière qu'il ait été rédigé par ceux qui s'en sont rendus les maîtres, on ne craint pas de dire qu'il serait contraire à la vérité et démenti par la notoriété publique, s'il contenait autre chose que des réquisitions du procureur du roi et des jugements du lieutenant-général, sur tout ce qui s'est passé dans le cours des séances.

C'est ainsi que dans la séance du 10, le procureur du roi s'est fait un prétexte de distribution d'un avis imprimé pour laquelle il n'a pas même demandé qu'il lui fût permis d'informer, afin de dénoncer ce même imprimé, le faire supprimer et faire prononcer par un jugement sur l'admission aux Etats-Généraux en faveur de personnes que l'avis désignait par plusieurs qualités qu'on pouvait regarder comme exclusives : il est bon d'observer que dans cette classe étaient compris les subdélégués des intendants et le juge qui se déclare contre l'exclusion est lui-même subdélégué, et c'est un autre subdélégué, son collègue, qui a été nommé.

C'est ainsi que, sans avoir égard à la réclamation d'un député qui se plaignait de ce qu'on lui imposait silence par l'organe des cavaliers de la maréchaussée, armés et investissant l'assemblée, le juge a ordonné, sur les conclusions du procureur du roi, que ces mêmes cavaliers, commandés par leur inspecteur, député en même temps d'une paroisse de village, continueraient leurs fonctions.

C'est ainsi que le procureur du roi, confondant la qualité de député qu'il n'avait pas, avec l'exercice de son ministère, a réussi à se faire nommer l'un des commissaires-rédacteurs des cahiers des doléances, pour les faire adopter ensuite par un jugement rendu sur ses conclusions, sans autre examen ni délibération de l'assemblée.

C'est ainsi que pour nommer les trois scrutateurs, on s'est contenté, dans la séance du 18, de recueillir les scrutins de 60 paroisses et de remettre au lendemain le surplus de l'opération, sans autre précaution de la part du juge et du procureur du roi, que de cacheter les premiers scrutins reçus, sans appeler aucun commissaire de l'assemblée à cette opération.

C'est ainsi enfin que le juge et le procureur du roi, de concert avec l'inspecteur de maréchaussée et soutenus par quelques procureurs tant du bailliage que des villes voisines, ont réussi à se rendre maître d'une assemblée composée de plus de 300 députés et de substituer à des délibérations librement formées, des décisions arbitraires.

Il en est résulté, quant à la rédaction du cahier des doléances du Tiers-Etat, *qu'il est en partie l'ouvrage du procureur du roi*, ce qui a empêché d'y insérer ou de motiver suffisamment des articles fort intéressants pour l'administration de la justice et pour l'intérêt particulier tant de la ville que de la province; et c'est au moment d'arrêter cet objet important que les députés de la ville, voyant que leur motion était rejetée par un jugement, ont cru devoir se retirer.

Il en est résulté pour la nomination, au moins d'un des députés, que l'assemblée n'a pas été libre dans son choix, puisqu'il est de notoriété publique que les cavaliers de la maréchaussée ont intrigué tant au dedans qu'au dehors de l'assemblée pour faire nommer celui de ces deux députés qui est subdélégué de M. l'intendant.

Quoiqu'il en soit, les députés de la ville et ceux qui se sont retirés avec eux de l'assemblée, n'entendent pas critiquer cette nomination qui honorerait davantage celui qui a réuni la pluralité des suffrages s'il les eût obtenus librement. Son mérite personnel et la confiance dont il jouit justifieront assez le choix de l'assemblée pour réparer aux yeux du conseil ce qu'il peut avoir d'irrégulier; mais il importe à ceux dont la réclamation a été rejetée d'une manière aussi indécente qu'injurieuse, de se justifier aux yeux du ministre et du public ; ils se borneront à attaquer la forme judiciaire avec laquelle on a procédé dans une assemblée où le lieutenant-général n'avait qu'une présidence d'honneur, où le procureur du roi n'avait plus de ministère à remplir, lorsque les députés avaient été appelés et admis par la prestation de serment.

Leur réclamation est fondée sur les instructions du roi exprimées dans la lettre de convocation, sur les dispositions des articles 8, 40 et 41 du règlement.

Il n'a pas dépendu d'eux d'obtenir à ce sujet une décision du bailli, ou au moins un avis qui aurait pu concilier toutes choses; les démarches qu'ils ont faites à ce sujet sont constatées par l'acte même de leurs protestations; les autres actes qui ont suivi constatent également que le procès-verbal de l'assemblée du Tiers-Etat n'a été entièrement rédigé que depuis la clôture des séances. Pourraient-ils donc être coupables pour avoir réclamé l'exécution de la loi et des intentions du souverain? C'est sur quoi le conseil est supplié de se prononcer.

Le mémoire qui sera mis sous les yeux de la commission est soutenu des seules pièces justificatives qu'il a été possible de se procurer; les unes et les autres ne recevront de publication qu'autant que le conseil approuverait une réclamation éclatante. Cette preuve de soumission et de prudence de ceux qui ont été si grièvement offensés leur donne sans doute

plus de droit à la justice et à la bonté du roi.
(Archives impériales.)

Le 23 mars 1789, MM. Brayer, Goulliart, Fiquet et autres demandent de nouveau communication du procès-verbal de l'assemblée du Tiers-Etat. Il leur est répondu que ce procès-verbal, maintenant complet, est entre les mains du lieutenant-général au bailliage.

LETTRE de M. Goulliart à M. le garde des sceaux, du 28 mars 1789.

Monseigneur,

C'est dans les termes de l'esprit du réglement et de son préambule, c'est dans le vœu manifesté de toute la Nation pour la liberté des assemblées préparatoires aux Etats-Généraux, que j'ai puisé la motion que j'ai faite le 11 et qui a été réitérée le 18 par tous les députés de la ville de Soissons, hors un seul.

La modération et la prudence ont accompagné mon zèle et celui de mes co-députés, dont plusieurs jouissent dans la commission intermédiaire de l'assemblée provinciale, de la confiance de l'administration.

Les opérations du Tiers de notre bailliage n'ont point été arrêtées, elles n'ont même été ni troublées, ni suspendues et vous reconnaitrez, Monseigneur, que je ne mérite point les reproches qu'on vous a porté à me faire. Plein de respect pour le ministère éminent que vous remplissez avec tant de sagesse, je m'imposerai silence sur les principes que vous n'approuvez point et je m'abstiendrai de les discuter dans l'application des dispositions du réglement, mais devant une grande assemblée, mon honneur a été compromis; le réquisitoire et le jugement qui ont accueilli mon accusateur ont été outrageusement, et en mon absence, proclamés par une cabale ameutée; l'atteinte portée à ma réputation ayant eu la plus grande publicité, s'étant répandue au loin et l'opinion publique ayant d'abord été surprise contre moi par des rapports faux et calomnieux, ma protestation ne pouvait paraître que par la voie de l'impression. Sous un gouvernement tel que le nôtre, sous un roi l'idole de son peuple, on ne verra pas d'un côté tous les moyens de perdre un citoyen, de l'autre aucun pour lui de se défendre; magistrat de cour supérieure, époux, père, appartenant à une famille distinguée, député de la ville de Soissons, je me devais, Monseigneur, à ces titres sacrés, une justification éclatante, quand ce que j'ai de plus précieux était attaqué, quand l'impression du procès-verbal des assemblées du Tiers doit être entre les mains de mes ennemis (qui en sont les seuls rédacteurs, sans le concours du Tiers) l'exécution d'un projet si funeste pour moi.

On veut me ravir l'honneur. Je le défendrai, Monseigneur, avec une intrépidité égale aux efforts pour me l'ôter; la justice qui vous caractérise, m'est un sûr garant que vous n'y mettrez point obstacle.

Je n'ignore pas quels moyens ont pu être employés près de vous, Monseigneur, pour vous prévenir contre moi; sous quels noms on a pu y réussir. Fort de ma conscience, de la bonté de ma cause, de ce suffrage universel qui en est l'appui et de votre équité, je me garderai, comme je le pourrais, d'interposer des personnes qui vous sont connues, que vous considérez sous tous les rapports et qui balanceraient promptement, même détruiraient les mauvais offices qui m'ont été rendus. Le crédit mis en avant par mes adversaires n'est point nécessaire à la vérité.

Je suis etc.

GOULLIART.
(Archives impériales.)

LETTRE de M. Goulliart au Directeur général des Finances, du 27 mars 1789.

MONSEIGNEUR,

Je n'interprête pas contre moi, contre un citoyen dont la motion aussi juste que modérée est généralement approuvée, le silence que vous avez gardé sur les rapports que j'ai eu l'honneur de vous faire les 12 et 14 de ce mois, et depuis que ma protestation vous est parvenue.

Elle a été réitérée à l'assemblée du Tiers du 18 par tous les députés de la ville de Soissons, hors un seul. Au nombre de ces députés sont deux des premiers magistrats de cette ville, qui ont mérité votre confiance et celle de l'administration dans la commission intermédiaire provinciale, où leurs travaux et leurs connaissances les ont fait distinguer, remarquer même entre toutes les commissions intermédiaires.

Un d'eux est actuellement à Paris, logé rue Traversière, Saint-Honoré, Hôtel d'Angleterre, M. Brayer, lieutenant-général de police de Soissons, membre de la commission intermédiaire de notre assemblée provinciale ; il sera encore à Paris tout le dimanche, veuillez, Monseigneur, le mander et vous faire faire par lui le rapport de cette affaire.

Après l'avoir entendu et distingué, dans sa modération, cette vérité qui porte sur tous ses traits, comme dans ses écrits, sa noble empreinte, vous reconnaîtrez, Monseigneur, combien on a surpris la religion de M. le garde des sceaux, des bureaux duquel alors on s'est hâté de me faire adresser la lettre la plus accablante, où un ancien magistrat de cour supérieure est qualifié de la manière la plus désagréable, où les principes reconnus de toute la nation sont désapprouvés ; lettre à laquelle, en rendant hommage à la première place de la magistrature et au magistrat qui la remplit, mais qu'on a trompé, j'ai répondu hier en annonçant que je ne pourrais souscrire à mon déshonneur préparé par l'impression du procès-verbal de nos séances, rédigé sans aucun concours du Tiers, par mes adversaires qui se sont ainsi rendus maîtres d'une preuve qu'il leur importe de préparer pour leur défense.

Je n'avais pu, comme à vous, Monseigneur, mander à M. le garde des sceaux qu'on ne pouvait s'en rapporter au rapport des subdélégués de Soissons, mes parties, l'une à découvert, l'autre moins réelle que cachée, que M. l'intendant (magistrat si juste, si éclairé, mais qui leur donne toute sa confiance), ne pouvait m'être favorable, d'autant que le second subdélégué, l'ami intime de M. de Noirfosse, était nommé député par cette assemblée dont j'avais désapprouvé les abus.

C'est néanmoins sur les lettres qui sont venues à M. le garde des sceaux, par la voie de M. l'intendant (auquel encore j'ai été obligé d'être opposé pour le soutien de ma compagnie) que M. le garde des sceaux s'est déterminé contre moi et a approuvé en tout la conduite du procureur du roi, du lieutenant du bailli, du s^r de Noirfosse, même la présence de la maréchaussée.

Magistrat, appartenant à une famille distinguée, époux, père, citoyen, député de Soissons, ces titres m'imposent de défendre mon honneur avec imtrépidité. Je remplirai cette tâche, peut-être avec la satisfaction de faire revenir M. le garde des sceaux près duquel j'ai négligé les sollicitations que j'eusse pu employer; mais qui n'appartiennent point à ma cause.

Je suis, etc.,

GOULLIART.
(*Archives impériales.*)

LETTRE de M. Charpentier, lieutenant du bailliage à M. le garde des sceaux, du 28 mars 1789.

MONSEIGNEUR,

J'ai l'honneur de vous adresser copie des procès-verbaux de l'assemblée du bailliage de Soissons pour la convocation des Etats-Généraux; les troubles et les embarras qui m'ont été suscités par l'effet de l'ambition de six ou sept particuliers désavoués par le Tiers-Etat, m'ont forcé de rendre certaines décisions qui ont allongé les séances et les procès-verbaux; je me suis cependant occupé principalement du soin d'élaguer ces difficultés pour parvenir au but essentiel de la nomination des députés aux Etats-Généraux. Tout mon désir est que vous soyez content, Monseigneur, de la conduite que nous avons tenue.

L'emplacement de la nef de l'église de l'abbaye de Saint-Jean des Vignes de Soissons pour une assemblée générale et pour celle du Tiers-Etat ont occasionné quelques dépenses pour des sentinelles, grand nombre de chaises et tenture de tapisserie; d'un autre côté, un certain nombre d'habitants pauvres, chargés de famille, dans lesquels on a reconnu de l'intelligence et de la probité, ont été nommés députés de leurs paroisses, ils demandent et sollicitent une indemnité des dépenses qu'ils ont faites dans une année aussi difficile. Je vous supplie, Monseigneur, de m'indiquer la voie de faire arrêter et acquitter les mémoires et de venir au secours des plus pauvres d'entre les députés.

Je suis, etc.

CHARPENTIER.

(*Archives impériales*).

RÉPONSE du Garde des Sceaux à la lettre du 26 mars de M. Goulliart, du 1ᵉʳ avril 1789.

Monsieur,

Personne ne vous a desservi auprès de moi ; je n'ai eu connaissance de l'affaire que vous avez éprouvée et je n'ai désapprouvé votre conduite que sur la lecture de votre lettre et de la protestation qui y était jointe. Vous avez élevé une difficulté entièrement opposée à l'esprit et à la lettre du règlement. Si vous n'aviez pas cherché à faire adopter votre opinion dans l'assemblée, vous n'auriez pas probablement essuyé les désagréments que je suis porté à croire que vous ne méritez pas personnellement. Aussi sous ce rapport j'aurais désiré pouvoir les prévenir, mais vous me paraissez y mettre trop d'importance, lorsque vous croyez votre honneur attaqué ; vous vous êtes exagéré l'impression de cet événement sur l'opinion publique et vous avez cru trop facilement devoir rendre publique une justification dont vous n'aviez pas besoin.

(*Archives impériales.*)

RÉPONSE du Garde des Sceaux à la lettre du 28 mars de M. Charpentier, du 1ᵉʳ avril 1789.

Monsieur,

J'ai reçu le procès-verbal de l'assemblée générale de votre bailliage.

Les dépenses occasionnées par la préparation du local de l'assemblée doivent être payées par la ville ; les officiers municipaux en enverront en conséquence la note à M. l'intendant pour la faire viser et ordonnancer. A l'égard de l'indemnité des députés des campagnes, c'est aux communautés pour l'utilité desquelles ils se sont rendus aux assemblées à se cotiser pour pourvoir à cette indemnité.

(*Archives impériales.*)

Le 10 avril 1789, M. Le Tellier, président-trésorier de France, après avoir pris communication de la correspondance entre M. Goulliart, le garde des sceaux et le directeur général des finances, se rend au greffe du bailliage pour obtenir communication du procès-verbal de l'assemblée du bailliage. Il lui est répondu que le lieutenant du bailli a défendu de le communiquer à qui que ce soit. M. Letellier écrit alors au garde des sceaux pour obtenir l'ordre de communiquer.

LETTRE du Garde des Sceaux à M. le Lieutenant-général du bailliage de Soissons, du 14 avril 1789.

Versailles, 14 avril 1789.

Monsieur,

Les renseignements qui me sont parvenus sur ce qui s'est passé dans votre assemblée à l'occasion du s^r Goulliart, procureur du roi au bureau des finances de Soissons, m'ont convaincu qu'il a eu de justes sujets de se plaindre de la facilité avec laquelle vous avez accueilli les inculpations que le procureur du roi a dirigées contre lui. Je n'ai point approuvé à la vérité que le s⁰ Goulliart ait fait imprimer sa protestation ni qu'il ait contesté au procureur du roi le droit de vous assister dans toutes vos opérations ; mais vous n'en avez pas eu moins de tort l'un et l'autre de faire éprouver des désagréments publics à un officier auquel vous deviez montrer toutes sortes d'égards et de ménagements à cause de sa qualité personnelle et de celle de représentant de son tribunal. Ces considérations étaient de nature à exiger de vous la plus grande réserve, lors même que les démarches qu'on lui a attribuées légèrement eussent été évidemment prouvées. Le s⁰ Goulliart s'est plaint avec raison que vous ayez laissé introduire des cavaliers de maréchaussée dans l'intérieur de l'assemblée. Cette circonstance, que rien ne peut justifier, vous exposerait nécessairement aux marques les plus formelles de mécontentement du roi, si le s⁰ Goulliart, en persistant à poursuivre contre vous et le procureur du roi une réparation, me mettait dans le cas de mettre ses réclamations sous les yeux de S. M., et de lui rendre compte de tout ce qui s'est passé dans votre assemblée. Je désire que pour prévenir les suites fâcheuses que cette affaire pourrait avoir pour vous et pour le procureur du roi de votre siége, que vous entriez l'un et l'autre en explication avec le s⁰ Goulliart, et que par des procédés honnêtes et en lui témoignant le désir de rétablir l'union entre vous et lui, vous le rendiez satisfait, et que vous le disposiez ainsi à renoncer à une poursuite que la justice ne me permettrait pas autrement de lui interdire. Je vous pré-.

viens d'ailleurs que vous ne pouvez pas lui faire refuser par votre greffier une expédition du procès-verbal de l'assemblée, c'est un acte public dont la connaissance intéresse tous ceux qui ont eu droit de concourir aux opérations qu'il constate, et je viens d'écrire à un des membres du bureau des finances que je vous marque positivement que l'expédition qu'il demande ne doit pas être refusée. L'objet de cette lettre vous étant commun avec le procureur du roi de votre siége, vous voudrez bien la lui communiquer afin qu'il s'y conforme exactement avec vous; et vous aurez soin de m'informer des moyens que vous aurez pris de concert pour parvenir à une conciliation et pour arrêter ainsi les suites d'une réclamation à laquelle je vois avec peine que vous avez l'un et l'autre donné lieu.

Je suis, Monsieur, votre affectionné à vous servir.

(Archives impériales.)

Le garde des sceaux, répondant à la lettre du 10, de M. Le Tellier, lui mande, à la date du 14 avril, que le s^r Goulliart a suivi dans toute cette affaire une marche peu réfléchie; il l'engage à faire tous ses efforts pour terminer ce différend, dans lequel M. Goulliart, qui croit à tort son honneur compromis, devrait mettre de côté tout ce qui lui est personnel, si le lieutenant-général et le procureur du roi se montrent disposés à des explications capables de le satisfaire. Au surplus, ajoute le garde des sceaux, les procès-verbaux des assemblées étant des actes publics, le greffier ne peut refuser des expéditions à ceux qui ont le droit de concourir aux opérations que ces procès-verbaux constatent.

(Archives impériales.)

LETTRE de M. Charpentier au garde des sceaux.

Du 21 avril 1789.

Monseigneur,

La lettre que vous m'avez écrite le 14 de ce mois m'a causé autant de surprise que de mortification; vous ne m'y reprochez pas seulement une simple erreur qui eût été excusable dans la position critique et tumultueuse où je me trouvais; mais vous m'imputez, Monseigneur, d'avoir accueilli avec trop de facilité les inculpations du procureur du roi de notre bailliage contre M. Goulliart, procureur du roi du bureau des finances et député, à qui, à ce double titre, je devais plus d'égards et de ménagements. Si les renseignements qui vous ont été donnés, Monseigneur, étaient exacts, je ne réclamerais pas contre les torts qui me sont attribués, et je m'avouerais coupable; mais par des réticences malicieuses, on a dissimulé les circonstances qui opéraient évidemment mon entière justification; c'était la seule ressource de M. Goulliart et de quelques-uns de ses associés dont la conduite était absolument désapprouvée par les honnêtes gens de la ville et de la province. On a cherché par cette ruse à abuser de votre confiance et à leur préparer un triomphe du moment et à faire retomber sur moi des torts dont quelques observations sommaires démontreront que je ne suis point coupable.

Le grief principal qu'on m'attribue est d'avoir laissé introduire la maréchaussée dans l'intérieur de l'assemblée; jamais peut-être reproche ne fut plus mal fondé; je pourrais dire que cette maréchaussée n'était pas dans l'intérieur du lieu de l'assemblée, mais dans un vestibule voisin; que deux bas officiers seulement étaient dans l'intérieur, sans armes, et sans autres fonctions que de répéter à plus haute voix les appels des députés faits par le greffier, et faciliter les communications pour apporter les cahiers dans les vases destinés à les recevoir. Mais que cette prétendue introduction de la maréchaussée soit une faute, elle ne peut m'être imputable; c'est M. le grand bailli qui l'a établie pour donner sans doute plus d'appareil et de solennité à cette assemblée; c'est lui qui a requis l'inspecteur général de la maréchaussée de l'envoyer, et quand j'aurais aperçu quelques inconvénients dans cet ordre, je ne pouvais que déférer à l'arrangement que M. le grand bailli a jugé à propos de faire.

Quant à l'expédition des procès-verbaux du Tiers-Etat demandée par un officier du bureau des finances, ni M. Goulliart, ni aucun officier du bureau des finances, ne m'ont demandé d'enjoindre au greffier de la délivrer; le s[r] Le

Tellier, syndic de la compagnie, est venu hier pour la première fois me demander un ordre pour le greffier du bailliage, et je l'ai envoyé presque dans le moment. Une preuve évidente que je n'avais aucune mauvaise disposition à cet égard, est qu'il y a environ trois semaines ou un mois, comme j'avais entendu dire qu'on pourrait demander cette expédition et que je connaissais l'activité de ceux à qui j'avais affaire, j'ai profité de la liberté qui nous était donnée par le règlement, et j'ai pris celle, Monseigneur, de vous demander vos ordres dans le cas où l'on me demanderait d'enjoindre au greffier de délivrer des expéditions de ces procès-verbaux ; je n'ai point reçu de réponse ; et ce silence m'a fait voir avec plaisir qu'on ne me demandait rien.

Je ne dois donc pas craindre, Monseigneur, que vous rendiez compte au roi de ma conduite ; le roi est juste et je suis innocent ; je désirerais même que ce compte fût rendu à S. M. si je n'avais la confiance d'obtenir de vous la même justice. Je vous le demande, Monseigneur, avec instance. Je ne suis pas, il est vrai, un personnage assez intéressant pour mériter personnellement que l'on s'occupe longtemps de mon affaire ; mais la place que j'ai l'honneur d'occuper de chef d'une juridiction assez considérable, semble demander que, sans plus ample examen, je ne soie pas la victime de gens turbulents et ennemis de la paix. Si, malgré mon innocence et la droiture de mes intentions, j'ai le malheur de succomber sous l'effort de la cabale, alors je regarderais ce moment comme celui de la retraite, après une longue carrière dans laquelle je n'avais éprouvé jusqu'alors, de la part de mes supérieurs ou de mes concitoyens, aucune marque de mécontentement.

Je suis, etc.

CHARPENTIER.

(Archives impériales.)

RÉPONSE du Garde des Sceaux à la lettre du 21 de M. Charpentier.

(du 24 avril 1789.)

MONSIEUR,

La nécessité de mettre fin aux plaintes du sieur Goulliart et le désir de faire cesser la désunion qui s'est élevée entre vous et lui, ont déterminé la lettre que je vous ai écrite le 14 de ce mois. Je n'ai pas pu me persuader qu'il pût mettre sans quelque fondement autant de chaleur dans les réclamations qu'il m'a adressées contre les procédés qu'il m'assurait que vous et M. le procureur du roi aviez eu à son égard, et j'ai regardé comme un tort réel de votre part d'avoir souffert la maréchaussée dans l'intérieur de l'assemblée; mais les explications que vous me donnez et la lecture du procès-verbal de votre assemblée que je viens de me faire représenter, justifient pleinement votre conduite, et je vois que tout ce qui s'y est passé relativement au s^r Goulliart a été approuvé par tous les membres de l'assemblée. Je n'y ai même remarqué aucunes expressions dont il puisse être fondé à se plaindre; je vous recommande néanmoins de vous conduire avec lui avec toute la prudence et la modération qui vous paraîtront plus que jamais nécessaires à son égard et d'engager M. le procureur du roi de votre siége à en user de même. Je ne veux point que cette affaire ait d'autres suites et je verrais avec peine qu'elle fût pour vous un sujet de découragement.

Je suis, ect.

(Archives impériales.)

LETTRE de M. Vernier, procureur du Roi au bailliage de Soissons, à M. le Garde des Sceaux.

(du 24 avril 1789.)

MONSEIGNEUR,

M. le lieutenant-général m'a communiqué la lettre que vous avez jugé devoir lui adresser, et il vient de me la remettre afin que j'aie l'honneur d'y répondre en ce qui me concerne.

Vous me reprochez, Monseigneur, d'avoir formé contre le sr Goulliart des inculpations que M. le lieutenant-général a accueillies trop facilement, et vous pensez que comme coupable, je dois chercher avec M. le lieutenant-général à entrer avec le sr Goulliart en explication en lui témoignant le désir de rétablir l'union entre nous et lui, et le satisfaire au point de le faire renoncer à une poursuite que la justice ne permettrait pas autrement de lui interdire.

Si vous avez daigné écouté le sr Goulliart, que ne doivent pas espérer des officiers hon-

nêtes et qui ont acquis l'estime du public.
Nous savons, Monseigneur, que vous entendez
prononcer contre le coupable et honorer de
votre approbation l'innocent. Nous pouvons
donc nous flatter que, quoique l'on ait osé
tromper votre religion, vous nous rendrez la
justice que nous nous sommes conduits avec
droiture et sagesse. Mais si vous ne trouviez
pas ma conduite assez claire pour porter un
jugement qui me fût favorable; et qu'il me fût
encore permis de vous demander une grâce, je
vous supplierai, Monseigneur, de m'accorder
un tribunal qui jugera après que la demande et
la réponse auront été rendues publiques. C'est
ce que paraît également solliciter le s^r Goulliart.

J'ignore, Monseigneur, les inculpations dont
m'accuse le s^r Goulliart, je ne sais pas même
de quelle nature elles sont; en suivant les
formes judiciaires, il me suffirait de répondre
que je n'en ai point formé, et je dirai vrai. Il
serait alors obligé de justifier son accusation.
Je pourrais encore répondre que le procès-
verbal n'en porte aucune de ma part contre le
s^r Goulliart; mais je ne veux point me renfermer dans une réponse négative ; je chercherai
tous les faits qui se sont passés dans l'assemblée du bailliage, et en vous les mettant sous
les yeux, Monseigneur, ils dissiperont les
nuages que le s^r Goulliart a cherché méchamm-
ment à répandre sur notre conduite.

Le s^r Goulliart a trouvé le moyen de se faire
nommer un des députés du bureau des finances
pour se trouver à l'assemblée du Tiers-Etat de

Soissons, à l'Hôtel de Ville. Je dis *a trouvé le moyen,* par ce que les membres du bureau des finances, étant dans une de leurs séances ultérieures en nombre plus grand, ont improuvé l'envoi de députés dans l'ordre du Tiers-Etat, de sorte que l'on pouvait lui faire quelques difficultés. Il n'en a pas eu. Il a encore trouvé le moyen, à l'aide de plusieurs personnes qui avaient sans doute les mêmes vues que lui, de se faire nommer un des huit députés de la ville de Soissons, et il serait très-facile de démontrer combien à cet égard leur conduite a été irrégulière; mais il n'en doit pas être question.

L'assemblée des trois ordres a été ouverte le mardi 10 mars, par le discours que j'ai prononcé. L'appel des trois ordres a suivi; la séance a été terminée par la séparation des trois ordres pour rédiger chacun séparément leurs cahiers.

Le même jour, de relevée, le Tiers-Etat étant rassemblé pour suivre les opérations indiquées, je ne pus m'empêcher de céder aux désirs de beaucoup de députés, de demander la suppression d'un imprimé ayant pour titre *Avis important,* sans nom d'imprimeur, qui, depuis quelques jours, était répandu avec une profusion marquée et qui faisait illusion à beaucoup d'électeurs. Je me décidai à en demander la suppression et à ce que les députés fussent prévenus de n'avoir aucun égard à cet écrit dans le choix des commissaires et députés aux Etats-Généraux. M. le lieutenant-général a accueilli mes conclusions et son jugement a été suivi d'un applaudissement marqué par des battements de mains. Cet imprimé portait : « Les personnes exclues soit comme électeur, soit par les demandes du Tiers-Etat de toutes les provinces, sont 1° les personnes chargées des recouvrements des deniers royaux ; 2° les subdélégués des commandants et intendants ; 3° leurs secrétaires ; 4° les régisseurs administrateurs ; 5° les juges des seigneurs et du clergé, ainsi que leurs cautions ; 7° généralement tous ceux qui tiennent des places qui puissent être regardées comme dépendantes et dans lesquelles ils ont un intérêt opposé à celui du Tiers-Etat. »

Certainement, Monseigneur, vous n'auriez point prononcé d'exclusion contre les personnes qui y étaient désignées ; j'ai donc bien fait de chercher à désabuser des députés dont les idées n'étaient point certaines, je n'ai nommé ni fait naître aucun soupçon contre l'auteur de cet écrit qui était inconnu. Cependant le s^r Goulliart a paru très-mécontent contre moi relativement à cette suppression. Le surplus de la séance s'est passé à déterminer, sur la demande de la commune, le nombre des commissaires pour la rédaction des cahiers de doléances.

Le mercredi 11, au matin, on commença la séance par la lecture du procès-verbal de la veille, et sur-le-champ il me fut remis publiquement une carte en me la dénonçant comme une note que l'on faisait répandre dans l'assemblée, et on m'a soutenu que celle que l'on me remettait était au moins la centième. J'en pris lecture à voix basse et je vis qu'elle indiquait cinq personnes pour commissaires, pris dans les députés de la ville. Je me levai et demandai acte de la dénonciation qui m'était à l'instant faite d'une carte que je tenais à la main et à la vue du public, indicative de cinq commissaires, dont je croyais devoir me dispenser de faire la lecture pour ne pas blesser la délicatesse des personnes dont le nom y était inscrit et qui l'ignoraient sans doute ; que j'étais même assuré que si ces personnes étaient instruites que cette carte les concernaient, elles me sauraient gré d'en demander la suppression pour ne point laisser subsister des idées auxquelles elles ne pouvaient avoir donné lieu. J'en demandai donc simplement la suppression.

Ce n'était pas encore rien imputer au s[r] Goulliart.

On s'occupa ensuite de la nomination des commissaires, et depuis deux heures on y travaillait lorsque le s[r] Goulliart arriva d'un air si empressé que tous les membres l'ont remarqué et ont dès lors présagé quelque évènement. Le s[r] Goulliart ne fut pas assis deux secondes qu'il se leva brusquement et en interrompant l'opération de la nomination des commissaires, il dit :

Mes chers concitoyens, Messieurs du Tiers-Etat, car je me fais l'honneur d'être un des vôtres, je suis fâché d'être arrivé si tard, mais j'ai été obligé de me trouver au bureau des finances.... Je n'ai eu que le temps de jeter ma robe, j'ai des avis de la plus haute importance à vous donner, mais j'ai besoin de me recueillir.

Le sr Goulliart s'asseoit et se relève aussitôt pour dire : « Mes chers concitoyens, Messieurs du Tiers-Etat, je vois avec indignation que l'on cherche à gêner votre liberté, vos suffrages... » Alors engagé par quelques personnes, je me levai et dis au sr Goulliart : « Monsieur, comme vous ne parlez point ici à tous d'opinion, vous en avez sans doute obtenu la permission de M. le lieutenant-général, ou du moins voulez-vous bien dire au nom de qui vous entendez parler. » Tout le monde m'entendait excepté le sr Goulliart qui ne cessait de parler et de soutenir que la présence du procureur du roi était inutile, que M. le lieutenant-général ne pouvait être regardé comme juge, mais seulement comme un président sans juridiction. « C'est ici, s'écria-t-il, le temple de la liberté; je souffre pour vous, vos suffrages sont gênés par la présence des gardes et je vais vous lire un discours. » — Je repris alors pour lui demander au nom de qui il entendait parler.... — « C'est au nom de la commune que je parle. » — Sur le champ il s'éleva en toutes parts de l'assemblée un mouvement de mécontentement et on cria en même temps : « La commune ne vous a pas chargé de parler, chaque paroisse saura bien s'expliquer elle-même. Taisez-vous, Monsieur Goulliart, taisez-vous et asseyez-vous. » Ces paroles ont été répétées comme de concert par tous les députés et avec une telle force que le sr Goulliart prit le parti de s'arrêter, et c'est alors qu'il eut une explication particulière avec le sʳ de Noirfosse, inspecteur général de la maréchaussée, qui avait place auprès de lui. Je dois observer que dès le moment que l'assemblée éleva la voix contre le sʳ Goulliart, j'ai pris le parti de me condamner au silence et de ne rien ajouter de ce que j'avais dit au sʳ Goulliart. Donc je n'ai dirigé contre lui aucune inculpation.

Mais le sʳ Goulliart, mécontent sans doute et peut-être honteux de ce que le public venait de faire à son égard, prit le parti de sortir, et malheureusement pour lui, il n'était pas encore à la porte, qu'il entendit les battements de mains de plus de trois cents personnes. Est-ce dans ce moment qu'il prétend que j'ai dirigé des inculpations contre lui, je l'ignore ; mais ce qui est certain, et ce que toute la commune et même les deux autres ordres qui en ont entendu faire le récit, peuvent dire, c'est que je n'en ai fait aucune, et que je n'avais pas de véritable raison pour en faire. D'ailleurs, je sais trop respecter une assemblée de cette importance et avoir les égards qu'il convient pour chacun des membres qui la composent pour ne pas employer dans ce moment tout le sang-froid et toute la sagesse que donne la prudence.

Il est encore vrai que le sʳ de Noirfosse fit contre le sʳ Goulliart et quelques temps après sa sortie une dénonciation et plainte dans cette même assemblée de la motion dangereuse et insultante de celui-ci contre la maréchaussée qui n'avait été appelée que pour faciliter les opérations, en disant qu'en adoptant l'idée de M. Goulliart, la maréchaussée perdrait la considération dont elle a besoin pour servir utilement. Sur ce, mes conclusions ayant été demandées, je dis que je pensais que, sans donner de suite à cette affaire, il suffisait de donner acte à M. de Noirfosse de cette dénonciation et de ce que la maréchaussée n'avait point eu dans l'assemblée de fonctions décidées, si ce n'est à l'extérieur, ayant été ordonné qu'il n'y pourrait entrer de personnes étrangères à cette assemblée, qui ont été placées dans une tribune.

M. le lieutenant-général eut la prudence, avant de prononcer sur ce point, de demander si quelqu'un avait à se plaindre du service que la maréchaussée faisait à l'extérieur et de ce que le maréchal des logis était dans l'assemblée pour aider l'huissier à faire l'appel et un cavalier sans armes pour faire faire le passage à ceux qui étaient appelés. Il a été répondu vivement que la maréchaussée ne gênait point et que l'on était bien aise qu'elle y fût. Ces paroles ont été prononcées par tous les membres, la question en ayant été répétée par M. le lieutenant-général.

Il n'y a point encore à ceci d'inculpation de ma part. Si je n'en ai point fait, M. le lieutenant-général n'a pas dû être accusé de les avoir accueillies.

Pour vous donner, Monseigneur, une idée des dispositions avec lesquelles le s^r Goulliart est entré dans cette séance, je ne dois pas omettre que le s^r Goulliart alla ce jour au bureau des finances pour la réception d'un officier de ce tribunal, et lorsque la cérémonie fut achevée, il alla jeter à la hâte et avec précipitation sa robe. Quelqu'un s'en apercevant lui dit : *Où allez-vous, Monsieur Goulliart? — Je vais voler au secours de ce pauvre peuple que l'on veut opprimer.*

Personne ne se charge de contrarier ni les pensées ni les actions du sr Goulliart, elles lui sont particulières, et nul ne veut le prendre pour modèle; mais il est quelques personnes qui emploient ce caractère pour servir à leur passion.

Le sr Goulliart n'a plus reparu dans l'assemblée, si ce n'est le mercredi 18 du même mois, où après le rapport que je fis, tant comme commissaire que comme chargé par les autres commissaires du rapport à l'assemblée du travail de la réduction des cahiers de doléances en un seul, on vit M. Brayer, lieutenant de police, et M. Goulliart, se lever et on entendit le premier portant la parole, dire que : Le procureur du roi n'avait pas le droit de parler, qu'il ne devait pas se trouver dans cette assemblée, qu'ils protestaient contre mon discours, ma présence, contre les fonctions de juge que pourrait faire M. le lieutenant-général, contre la présence de la maréchaussée et de celle des huissiers, et ils ont demandé que ces derniers eussent à se retirer. Qu'ai-je répondu à ces protestations qui concernait particulièrement M. le lieutenant-général et moi? J'ai demandé avec la plus grande tranquillité et sans nulle émotion la liberté de faire la lecture des articles 8 et 51 du règlement du Roi, ce qui fut fait, et j'ai ajouté que si je croyais que ma présence pût déplaire ou seulement être suspecte à l'assemblée, je ne balancerais pas à lui donner toute la satisfaction qu'elle pourrait demander. M. Brayer répondit qu'il n'y avait qu'à aller aux voix ; quelqu'un de l'assemblée proposa de faire lever la main à ceux qui seraient de l'avis des protestations. M. le lieutenant-général crut pour aider son jugement, devoir adopter ce parti. Il le proposa ; personne ne voulut être de l'avis des s^{rs} Brayer et Goulliart, on entendit même de toutes parts des cris d'improbation sur tous les objets de leurs protestations. Alors, M. le lieutenant-général *a donné acte à mes dits s^{rs} Brayer et Goulliart de leurs protestations et réquisitions, et sans autrement s'arrêter, a ordonné qu'il serait procédé à la continuation des opérations, sauf à mes dits s^{rs} Brayer et Goulliart à se pourvoir ainsi qu'ils aviseront.*

Ce jugement prononcé, M. le lieutenant-général a cru de sa sagesse de demander aux députés assemblés s'ils y adhéraient et tous ont répondu par acclamation qu'ils y acquiesçaient. Alors M. Brayer et M. Goulliart ont dit que ne voyant aucune liberté ; ils allaient se retirer et dresser leur procès-verbal, et en se retirant ils ont emmené cinq autres députés de la ville de Soissons et ont cherché à attirer plusieurs députés de la campagne. Ainsi des huit députés de la ville de Soissons, il n'en est resté qu'un seul.

Je ne vois pas encore ici, Monseigneur, que le s^r Goulliart puisse m'accuser d'avoir dirigé des inculpations contre lui.

Dans la séance de relevée de ce jour, mercredi 18, M. Brayer et M. Goulliart se sont présentés, accompagnés d'un notaire et de deux témoins, pour faire lecture d'un procès-verbal qu'ils avaient dressé : sur quoi M. le lieutenant-général a répondu qu'ils pouvaient lui communiquer le mémoire de leurs observations pour être examiné et qu'ils en auraient réponse d'après l'avis de l'assemblée. M. Brayer a répondu qu'ils n'avaient rien à communiquer, mais qu'ils entendaient que la décision de cette constestation fût déférée à M. le grand bailli, assisté de 4 députés du clergé, 4 de la noblesse et 8 du Tiers-Etat ; à quoi il a été observé par M. le lieutenant-général que cette forme n'était indiquée que relativement aux difficultés entre les membres du clergé et ceux de la noblesse, qu'ainsi il ne pouvait s'abstenir de connaître d'une difficulté qui lui était attribuée nommément. Ces deux personnes se sont retirées avec leurs notaire et témoins, en disant qu'ils allaient insérer cette réponse dans leur procès-verbal.

On ne verra point encore que dans cette séance, j'aie formé des inculpations contre le s^r Goulliart, puisque j'ai gardé un silence absolu sur leur demande et leurs discours.

Telles sont, Monseigneur, les séances dans lesquelles le s^r Goulliart a paru, et tels sont les seuls faits qui peuvent nous concerner avec lui. Je ne me trouve point coupable ; je ne le suis en rien, pas même en fautes légères, j'ai mérité l'approbation du public par ma modération, ce qui se trouve sans doute bien opposé à la conduite du s^r Goulliart.

Cependant, Monseigneur, on a cherché à vous faire penser que nous avons eu tort l'un et l'autre de faire éprouver des désagréments publics à un officier auquel nous devions toutes sortes d'égards et de ménagements à cause de sa qualité personnelle et de celle de représentant de son tribunal. Le sʳ Goulliart a surpris votre religion lorsqu'il vous a exposé ces faits ; je ne dois pas craindre de le dire, Monseigneur, parce que vous aimez la vérité et que vous nous blâmeriez si je vous le dissimulais. Nous n'avons fait essuyer au sʳ Goulliart aucun désagrément ; s'il en a éprouvé, ils nous sont étrangers ; nos qualités personnelles nous garantissent de cette imputation ; quand le ministère public porte la parole et que le juge prononce, ces officiers ne sont pas responsables des suites de leurs jugements et des désagréments qu'essuient les parties condamnées. En supposant que nous ayons eu tort, moi de requérir, M. le lieutenant-général de prononcer, nous ne serions point encore exposés aux reproches, n'ayant été conduits que par l'esprit du règlement et la voix de notre conscience.

Parce que M. Goulliart s'écartait de la règle et de la raison, parce qu'il s'était fait un parti de six à sept personnes, il ne fallait pas que M. le lieutenant-général se tût, n'eût dans cette assemblée qu'un rôle absolument passif et que je me retirasse.

Je n'ai point remarqué dans le règlement que ce fût l'intention de S. M., et vous nous en auriez, Monseigneur, marqué votre mécontentement, si nous nous en eussions écartés et que nous n'eussions point chacun rempli nos fonctions avec honneur et prudence.

Le s^r Goulliart pense donc être plus que nous, lorsqu'il prend la liberté de vous exposer qu'il était représentant de son corps et député de la ville.

Qu'il pense en même temps que ce sont des officiers chargés par vous-même, Monseigneur, de l'exécution des volontés du Roi ; est-ce encore en les remplissant avec exactitude, ces volontés sacrées, que nous avons manqué d'égards au s^r Goulliart ?

Nous sommes innocents, et d'ailleurs nous n'en avions point l'intention, jamais il n'entre dans l'exercice de nos fonctions aucune personnalité.

Mais cet officier du bureau der finances, ce député de la ville nous manquait à nous-mêmes ; était-il chargé par ceux dont il était le représentant, d'interrompre nos opérations et de se comporter d'une manière à révolter toute l'assemblée qui a trouvé sa conduite peu décente.

Il ne peut pas être, Monseigneur, qu'ayant eu l'approbation générale nous nous soyons exposés à des reproches fondés, notre conscience ne crie pas contre nos actions : soit comme hommes, soit comme juges nous ne nous trouvons nullement coupables.

Il ne nous appartiendrait point de faire notre éloge parce qu'il serait contraire aux règles de la modestie et que ce que nous dirions pourrait être suspect, mais si vous croyez devoir éclairer votre religion par des informations particulières et secrètes, nous pouvons nous flatter que l'on ne fera que des rapports très-favorables à notre sujet; mais en même temps nous demandons que les informations s'étendent sur le s^r Goulliart qui porte la témérité jusqu'à chercher à tromper la sagesse de vos décisions.

Après avoir parcouru les séances de l'assemblée du bailliage dans lesquelles a paru le s^r Goulliart, pour trouver si j'ai formé contre lui des inculpations, et n'en trouvant aucune, je reprends la réclamation et protestation imprimée que cet officier a répandue dans le public, j'y cherche ce dont il peut se plaindre.

D'abord cet acte n'a fait aucune sensation dans le public, si ce n'est qu'on l'a regardé comme une déclaration injuste et dont les faits n'y sont point rendus exactement.

Dans tous les tribunaux, je serais admis à proposer le procès-verbal du juge pour ma justification, parce qu'aucun acte, quel qu'il puisse être, ne peut détruire les dispositions qu'il contient. Mais comme je ne dois pas, vis-à-vis de vous, Monseigneur, me renfermer dans une exception, j'entrerai dans l'examen des particularités les plus remarquables que le s^r Goulliart paraît m'y reprocher. Si j'entrais dans un plus grand détail sur sa protestation, je prouverais bien facilement que le s^r Goulliart a pour le moins beaucoup de distraction dans ses récits.

Je lis dans cet acte imprimé que le s^r Goulliart prétend que je me suis levé pour lui faire interdire la parole. Le s^r Goulliart était sans doute dans un moment de trouble pour ne pas se rappeler les faits. C'est à lui-même que j'adressai la parole, en le priant de dire au nom de qui il entendait parler ; ce que je lui ai répété parce qu'il ne voulait pas s'expliquer sur ma première demande, qui était s'il avait demandé la permission à M. le lieutenant-général de parler, n'étant alors au moment de parler de lui-même et surtout dans une circonstance où il rompait une opération commencée, ce que rien ne peut tolérer.

Il prétend que M. le lieutenant général n'eut pas plus tôt prononcé que la maréchaussée fut requise de faire faire silence ; ce qui n'est pas encore exact et ce qui lui est permis de ne pas savoir parce que lorsque M. le lieutenant-général prononça, le s^r Goulliart était sorti de l'assemblée.

Il dit ensuite qu'étant attaqué personnellement et d'une manière injurieuse, il crut devoir réclamer comme citoyen la liberté dont on prétendait lui interdire l'usage, en se plaignant de ce que l'assemblée était investie en dedans de gens armés, etc.

Est-ce contre moi que cette réclamation est faite? Je ne dois pas le penser. Mais les faits que j'ai déjà exposés prouvent qu'il s'agissait de savoir au nom de qui il parlait et quel droit il avait pour interrompre une opération.

Dans le vrai, l'assemblée n'était point investie au dedans de gens armés ; il ne s'y trouvait que le maréchal des logis et un cavalier de maréchaussée sans leurs armes ; ils n'y faisaient qu'un service pareil à celui d'huissier ;

mais comment le sr Goulliart ne pouvait-il pas se plaindre, puisqu'il s'est plaint de la présence des huissiers et qu'il a fait demander par l'organe de M. Brayer qu'ils aient à se retirer.

Le sr Goulliart se plaint de ce que le sr de Noirfosse a traité sa motion d'injurieuse. Ce fait ne me concerne pas. Mais je dois ajouter que du ton dont le sr Goulliart s'est servi contre la maréchaussée, le sr de Noirfosse pouvait avoir raison.

L'avantage, dit le sr Goulliart, donné au sr de Noirfosse par l'approbation du lieutenant du bailliage, expression affectée, fut bientôt suivi de quelques applaudissements mendiés qui ne laissèrent plus au sr Goulliart d'autre parti que de se retirer, etc.

C'est encore une erreur de fait, les applaudissements ont été donnés par toute l'assemblée à la sortie subite du sr Goulliart qui n'a pris le parti de se retirer que pour qu'il ait à se taire, parce que personne ne l'avait chargé de parler. On sent que ce ne peut être des applaudissements mendiés : 1° on ne pouvait prévoir le dessein du sr Goulliart, on ne pouvait l'imaginer, il n'en avait fait part à personne ; 2° Comment des officiers seraient-ils assez imprudents pour se compromettre, en préparant contre une motion imaginaire du sr Goulliart les esprits d'une multitude et de différentes personnes qui viennent de toutes les parties du bailliage et qui ne sont pas connues. Car ce fait est arrivé le lendemain de l'ouverture dans la matinée, et à coup sûr, en supposant cette mauvaise intention on n'aurait pas encore eu le temps de former cette cabale.

Le surplus de la protestation du s^r Goulliart n'étant qu'une pure déclamation à laquelle j'ai déjà répondu dans le récit des faits, je dois me borner à cet exposé dicté par la vérité.

Ainsi de quelque manière que l'on examine ma conduite et par conséquent celle de M. le lieutenant-général, on ne peut apercevoir l'ombre d'inculpation. On n'y voit au contraire que les procédés les plus sages, les plus prudents et ceux que dictait le réglement de S. M. pour la tenue de l'assemblée, enfin ceux qui convenaient à la décence des fonctions des juges.

Vous désapprouvez, Monseigneur, que la maréchaussée ait fait un service dans cette assemblée. Si on avait été exact dans les faits qui vous ont été adressés, vous auriez au moins toléré qu'elle y fût, j'ose le dire, Monseigneur; son service n'a rien eu que de passif dans l'intérieur. Il était nécessaire qu'elle en fît un plus réel à l'extérieur pour empêcher qu'une multitude de personnes ne puissent se mêler avec les membres de l'assemblée. Des huissiers ne peuvent pas bien remplir les fonctions de cette garde, et d'ailleurs la même personne a également crié contre la présence des huissiers. Si l'assemblée n'eût pas consenti et même n'eût pas demandé que la maréchaussée fût conservée et invitée de se rendre aux séances ultérieures, point de difficulté que M. le lieutenant-général s'y serait conformé et qu'il aurait engagé M. le grand bailli à révoquer l'ordre qu'il en avait donné ; mais il me paraît que la maréchaussée a été appelée dans beaucoup de bailliages pour pareil service.

Nous ne pouvons être que très-peinés des tracasseries que nous cherche le s^r Goulliart ; sans doute il fera ses efforts pour nous traduire devant un tribunal (nous sommes prêts d'y répondre), car avec qui n'a-t-il pas été et n'est-il pas encore en procès ? Il l'est, dit-on, avec son beau-père, son frère, son beau-frère, son confrère, depuis qu'il est entré au bureau des finances, et avec des ouvriers. Avant d'avoir l'office qu'il remplit à Soissons, il était à Laon, procureur du roi au bailliage. Il n'a pu rester dans cette place ; ce siége et tous les habitants de Laon pourraient en donner quelques témoignages.

Mais, Monseigneur, ce que je dois désirer particulièrement, c'est que vous trouviez ma justification complète, c'est de ne mériter de votre part aucun reproche, c'est de mériter vos bontés et votre protection. Il appartient aux âmes honnêtes de remplir leur devoir avec exactitude. Des anciens officiers sont plus dans le cas de se conduire avec prudence que de nouveaux peu expérimentés ; M. le lieutenant-général exerce depuis trente ans et moi depuis vingt ans bientôt.

Je vous supplie donc, Monseigneur, de vouloir bien nous rendre notre tranquillité par une décision approbative de toute notre conduite ; ce qui s'accordera avec l'opinion de toute la province, et de faire connaître votre mécontentement contre la conduite du s^r Goulliart, qui a cherché à surprendre votre religion pour compromettre la réputation d'officiers honnêtes et leur procurer des désagréments.

Je suis, etc.,

VERNIER.

(Archives impériales.)

RÉPONSE du Garde des Sceaux à M. Vernier, à la lettre du 24 avril.

Versailles, 2 mai 1789.

MONSIEUR,

Lorsque j'ai écrit à M. le lieutenant-général de votre bailliage la lettre que je l'avais chargé en même temps de vous communiquer, je n'avais point encore connaissance du procès-verbal de l'assemblée générale de Soissons. J'ai remarqué par la lecture que j'en ai prise qu'il ne contenait rien dont le s^r Goulliart eût aucun motif de se plaindre; les explications que le lieutenant-général m'a données depuis m'ont paru justifier pleinement sa conduite et la vôtre; je le lui ai témoigné et les détails que vous me donnez de votre côté ne me laissent aucun doute sur le peu de fondement des reproches que le s^r Goulliart s'est cru en droit de vous faire. Cependant j'ai désiré que la division qui s'est élevée entre vous n'eût aucune suite, et je vous demande, ainsi que je l'ai recommandé à M. le lieutenant-général d'éviter soigneusement tout ce qui pourrait la prolonger.

Je suis, Monsieur, votre affectionné à vous servir.

(Archives impériales.)

PROCÈS-VERBAL de l'Assemblée de la noblesse du bailliage de Soissons pour la nomination des députés aux États-Généraux.

Le 10 mars 1789, après la séparation des trois ordres, Messieurs de la noblesse se réunissent à l'Hôtel-de-Ville, sous la présidence de M. de Beffroy, grand bailli, et nomment pour secrétaire M. Dujay. L'assemblée décide ensuite que les cahiers seront rédigés séparément et le député nommé aussi séparément ; que copie de cette délibération serait adressée aux deux autres ordres, en les assurant qu'elle n'avait pour motif aucun principe de discussion, mais bien la ferme persuasion dans laquelle était l'ordre de la noblesse que ce mode était le plus avantageux, non-seulement à chaque ordre en particulier, mais à l'universalité des trois ordres.

MM. d'Egmont, Le Pelletier, d'Allouville, de Puységur, Carpentier et de France ont été nommés commissaires pour la rédaction du cahier général.

Un de Messieurs a fait ensuite la motion suivante :

« Qu'il soit arrêté que l'ordre de la noblesse du bailliage de Soissons demandera que les impôts qui seront consentis par les Etats-Généraux soient répartis également sur les trois ordres de l'Etat, et dans la forme qui sera adoptée par cette auguste assemblée. »

Cette motion a été accueillie à l'unanimité et copie de la délibération transmise à l'ordre du clergé et à celui du Tiers-Etat, pour leur être une assurance certaine du désir qu'avait la noblesse du bailliage de Soissons de partager avec eux les charges de l'Etat.

Il est ensuite décidé que les propriétaires de fiefs et fondés de procuration domiciliés hors la province, ou dont la noblesse n'y était pas de notoriété publique, seraient priés, au nom de l'assemblée, de fournir leurs titres au grand bailli, qui ferait toutes les constatations nécessaires. MM. d'Egmont, de Puységur, d'Aumale et de Noue sont nommés pour l'aider dans ce travail.

Le 13 mars, MM. de Puységur, d'Aumale, de Givry et de Montéclin vont, au nom de la noblesse, complimenter le grand bailli.

Une députation est envoyée à l'ordre du clergé, qui, à son tour, envoie complimenter la noblesse.

Le 16 mars, les commissaires à la rédaction du cahier en donnent lecture ; il est approuvé après quelques légères modifications.

Il est ensuite décidé qu'il sera nommé un suppléant au député à envoyer aux Etats-Généraux. MM. d'Egmont, de Puységur et de Noue sont nommés scrutateurs.

Le 18 mars, le grand bailli donne lecture d'une lettre du duc d'Orléans, en date du 15 de ce mois, par laquelle ce prince lui mande que M. Delimon, qu'il avait chargé de le représenter à l'assemblée du bailliage de Soissons, venant d'être nommé député aux Etats-Généraux, pour l'ordre du Tiers-Etat, il pense qu'il ne peut plus être porteur de sa procuration dans l'ordre de la noblesse, et qu'il croit l'assemblée trop avancée pour en charger une autre personne. S. A. S. ajoute qu'elle s'en rapporte à la sagesse des délibérations de l'ordre, qu'elle y adhère d'avance et que tout son regret est de ne pas être à portée d'y assister elle-même.

Il est décidé que cette lettre sera déposée au greffe du bailliage et annexée à la procuration du duc d'Orléans, comme monument précieux des bontés, de l'estime et de la confiance dont le prince honorait l'assemblée, qui charge le grand bailli d'écrire, en son nom, au duc d'Orléans et lui présenter les assurances de son profond respect et de sa vive reconnaissance. Il est arrêté ensuite que le député que l'ordre aura choisi pour le représenter aux Etats-Généraux sera chargé de présenter au duc d'Orléans une copie du procès-verbal des séances particulières de la noblesse et de ses cahiers.

La reconnaissance que devait la province à ce prince pour la suspension de son droit de hallage, et ses intentions bienfaisantes manifestées dans une lettre imprimée qui a été lue par une partie des membres de l'assemblée, a fait l'objet d'une autre délibération, et il a été arrêté que le grand bailli serait prié d'écrire au duc d'Orléans pour l'assurer de la sensibilité de l'ordre de la noblesse aux bontés dont elle honorait la province et la prier de lui en accorder la continuation.

Il est procédé à la nomination du député; il y avait 73 voix; M. le comte d'Egmont est élu député, M. Dujay a été élu suppléant.

Huit députés viennent complimenter l'ordre

de la noblesse au nom du Tiers-Etat. La noblesse envoie ensuite une députation au Tiers-Etat; mais à leur arrivée, l'assemblée de cet ordre était dissoute.

Le 19 mars, une députation de la noblesse se rend vers l'ordre du Tiers-Etat pour le complimenter.

Le grand bailli indique pour le lendemain une réunion des trois ordres pour y recevoir le serment des députés aux Etats-Généraux, leur remettre les cahiers de leurs ordres respectifs, et faire la clôture de l'assemblée du bailliage.

(*Archives impériales.*)

INSTRUCTIONS données par le duc d'Orléans à son fondé de procuration aux assemblées du bailliage de Soissons.

Mon intention est que mes procureurs fondés portent partout le même esprit dans les différents bailliages où ils me représentent, qu'ils y prennent mes intérêts et y soutiennent mon opinion, ainsi que je ferais si j'y étais moi-même. En conséquence, j'entends qu'en acceptant ma procuration, ils se regardent comme engagés d'honneur.

1° A déclarer aux bailliages que le gouvernement ne peut les gêner en rien dans ce qui concerne le choix des députés aux Etats-Généraux; que les bailliages ont dans tous les actes émanés des trois ordres et relatifs à la convocation des Etats-Généraux, une autorité locale, semblable à celle qu'ont les Etats-Généraux eux-mêmes pour la totalité du royaume, et que lesdits bailliages doivent se conduire plutôt d'après ce que le bien général pourra leur prescrire que d'après le règlement qui leur a été envoyé, le roi de France n'ayant jamais été dans l'usage de joindre aucun règlement à leur lettre de convocation.

2° A donner leur voix aux personnes que je leur désignerai pour l'élection des députés aux Etats-Généraux.

3° A faire tous leurs efforts pour faire insérer dans les cahiers des bailliages les articles ci-après :

ARTICLE 1er. — La liberté individuelle sera garantie à tous les Français. Cette liberté comprend :

1° La liberté de vivre où l'on veut; celle d'aller, de venir, de demeurer où il plaît, sans aucun empêchement, soit dans, soit hors le royaume, et sans qu'il soit besoin de permission, passeport, certificat, ou autres formalités tendant à gêner la liberté des citoyens.

2° Que nul ne puisse être arrêté ou constitué prisonnier qu'en vertu d'un décret décerné par les juges ordinaires.

3° Que dans le cas où les Etats-Généraux jugeraient que l'emprisonnement provisoire peut être quelquefois nécessaire, il soit ordonné que toute personne ainsi arrêtée, soit remise dans es vingt-quatre heures entre les mains de ses juges naturels, et que ceux-ci soient tenus de statuer sur ledit emprisonnement dans le plus court délai, que de plus l'élargissement provisoire soit toujours accordé, en fournissant caution, excepté dans le cas où le détenu serait prévenu d'un délit qui entraînerait une peine corporelle.

4° Il sera défendu à toute autre personne que celles prêtant main-forte à la justice, soit officier, soldat, exempt ou autres, d'attenter à la liberté d'aucun citoyen, en vertu de quelque ordre que ce puisse être sous peine de mort, ou au moins de punition corporelle, le tout ainsi qu'il sera décidé aux Etats-Généraux.

5° Que toute personne qui aura sollicité ou signé tout ordre semblable, ou favorisé son exécution, pourra être prise à partie par devant les juges ordinaires, non-seulement pour y être condamnée en des dommages et intérêts, mais encore pour être punie corporellement et ainsi qu'il sera décidé.

Art. 2. — La liberté de publier ses opinions faisant partie de la liberté individuelle, puisque l'homme ne peut être libre quand la pensée est esclave, la liberté de la presse sera accordée indéfiniment, sauf les réserves qui pourront être faites par les Etats-Généraux.

Art. 3. — Le respect le plus absolu pour toute lettre confiée à la poste sera pareillement ordonné ; on prendra les moyens les plus sûrs d'empêcher qu'il n'y soit porté atteinte.

Art. 4. — Tout droit de propriété sera inviolable, et nul ne pourra en être privé, même à raison de l'intérêt public, qu'il n'en soit dédommagé au plus haut prix et sans délai.

Art. 5. — Nul impôt ne sera légal et ne pourra être perçu qu'autant qu'il aura été consenti par la nation dans l'assemblée des Etats-Généraux, et lesdits Etats ne pourront les consentir que pour un temps limité et jusqu'à la prochaine tenue des Etats-Généraux; en sorte que cette prochaine tenue venant à ne pas avoir lieu, tout impôt cesserait.

Art. 6. — Le retour périodique des Etats-Généraux sera fixé à un terme court, et, dans le cas d'un changement de règne ou celui d'une régence, ils seront assemblés extraordinairement dans un délai de six semaines ou deux mois. On ne négligera aucun moyen propre à assurer l'exécution de ce qui sera réglé à cet égard.

Art. 7. — Les ministres seront comptables aux Etats-Généraux de l'emploi des fonds qui leur seront confiés et responsables auxdits Etats de leur conduite en tout ce qui sera relatif aux lois du royaume.

Art. 8. — La dette de l'Etat sera consolidée.

Art. 9. — L'impôt ne sera consenti qu'après avoir reconnu l'étendue de la dette nationale, et après avoir vérifié et réglé les dépenses de l'Etat.

Art. 10. — L'impôt consenti sera généralement et également réparti.

Art. 11. — On s'occupera de la réforme de la législation civile et criminelle.

Art. 12. — On demandera l'établissement du divorce, comme le seul moyen d'éviter le malheur et le scandale des unions mal assorties et des séparations.

Art. 13. — On cherchera les meilleurs

moyens d'assurer l'exécution des lois du royaume, en sorte qu'aucune ne puisse être enfreinte sans que quelqu'un n'en soit responsable.

Art. 14. — On invitera les députés aux Etats-Généraux à ne prendre aucune délibération sur les affaires du royaume, qu'après que la liberté individuelle aura été établie et à ne consentir l'impôt qu'après que les lois constitutives de l'Etat auront été fixées.

Art. 15. — Je veux que tous mes fondés de procuration ne portent aucun obstacle, relativement à mes droits, à toutes les demandes du Tiers-Etat qui leur paraîtront justes et raisonnables, et cela, soit que les cahiers soient rédigés par chaque ordre séparément, soit que cette rédaction se fasse par les trois ordres réunis.

Art. 16. — Je veux que tous mes fondés de procuration qui se trouveront dans les bailliages où l'on réclamera contre les droits et règlements de capitaineries, déclarent, en mon nom, que je consens qu'ils soient abolis, et que je me joins nommément aux bailliages pour en demander la suppression, sous la réserve et sans porter atteinte à la conservation des droits de chasse.

Art. 17. — Je veux pareillement que sur tous les articles qui n'auront pas été prévus ou suffisamment développés dans la présente instruction, mes procureurs fondés se règlent d'après les principes exposés dans l'ouvrage intitulé : *Délibérations à prendre dans les assemblées des bailliages;* principes que j'adopte en général et que je désire que mesdits procureurs fondés propagent autant qu'il sera en leur pouvoir.

C'est dans cet esprit que je donne ma procuration.

Je désire qu'aucun de mes procureurs fondés ne s'en écarte, et c'est en employant tous leurs moyens pour faire adopter les principes ci-dessus, qu'ils répondront entièrement à la confiance que j'ai mise en eux.

(Archives impériales.)

PROCÈS-VERBAL de l'assemblée du Clergé du bailliage de Soissons pour l'élection des députés aux États-Généraux.

Le 10 mars 1789, à trois heures, après la séparation des trois ordres, le clergé s'est réuni à l'évêché, sous la présidence, en l'absence de Mgr l'évêque, de l'abbé de Réveillasé, prévôt de l'église cathédrale et vicaire général. Le président a ouvert la séance par un discours dans lequel après avoir exprimé ses regrets sur l'absence de Mgr l'évêque de Soissons, il a exposé la disposition des esprits dans les différentes provinces sur les affaires publiques et a conclu par représenter la nécessité indispensable de s'occuper avec la plus scrupuleuse exactitude de la rédaction des cahiers. L'assemblée ayant témoigné sa satisfaction à Monsieur le président, MM. les abbés commendataires de Saint-Crépin le Grand de Soissons et de Saint-Yved de Braine, ont représenté qu'ils n'avaient consenti à ce que M. le prévôt de la cathédrale présidât à l'assemblée que par leur respectueux attachement pour Mgr l'évêque de Soissons, et pour donner à ce prélat une marque particulière de déférence; et néanmoins qu'ils demandaient acte de leur protestation contre la présidence attribuée à l'abbé de Reveillase, comme fondé de procuration de Mgr l'évêque de Soissons, et contre la raison par lui articulée, conjointement avec MM. les députés du chapitre de la cathédrale, de présider l'ordre du clergé en qualité de prévôt dudit chapitre, à ce que ladite présidence ne pût jamais préjudicier aux droits et prérogatives de MM. les abbés commendataires, demandant en outre à être appelés et à opiner avant les autres députés. L'assemblée a donné acte à MM. les abbés de leurs protestations, à l'exception de MM. les députés du chapitre qui ont demandé qu'il fût remis à une autre séance d'entendre leur avis et de faire les réserves de leurs droits. Ce qui a été accordé.

M. le président ayant ensuite proposé la nomination du secrétaire de l'assemblée, la majeure partie des voix s'est réunie pour M. Leclère, prieur-curé de Vailly, qui a accepté, et sur les propositions faites après par M. le président, 1° relativement aux cahiers, pour savoir s'ils seraient faits par ordre seulement, ou par les trois ordres réunis; 2° si le député aux Etats-Généraux serait nommé en commun ou en particulier; 3° s'il n'était pas convenable de nommer quatre députés pour complimenter M. le grand bailli; l'assemblée a déterminé, quant au premier article, qu'il fallait faire le cahier en particulier et ensuite le communiquer dans toute son étendue aux deux autres ordres. Quant au deuxième article, que le député aux Etats-Généraux serait nommé en particulier par ordre, et quant au troisième, que la députation à M. le grand bailli était de la décence et de l'honnêteté.

En conséquence, MM. l'abbé de Saint-Crépin le Grand, le doyen de la cathédrale, le prieur de Saint-Jean et le doyen de Neuilly-St-Front, ont été priés d'aller complimenter, au nom de l'assemblée, M. le grand bailli, demain sur les neuf heures du matin, et lui faire part de la délibération par laquelle il a été arrêté que le cahier serait fait en particulier, ensuite communiqué aux deux autres ordres, et que le député aux Etats-Généraux serait nommé par l'ordre en particulier.

A l'ouverture de la séance du 11 mars, M. Mayaudon a dit au nom du chapitre, qu'en vertu d'une délibération capitulaire de cejourd'hui matin, il était ordonné aux représentants du chapitre de protester contre les motifs de la présidence attribuée à M. l'abbé de Réveillasse comme fondé de pouvoirs de Mgr l'évêque de Soissons, et non comme prévôt du chapitre de l'église cathédrale, contre la prérogative réclamée par MM. les abbés commendataires de présider les députés dudit chapitre, et enfin contre la préséance à eux accordée et à laquelle lesdits députés ne consentaient pas.

Pour ne point retarder les délibérations de l'assemblée, M. Mayaudon a demandé acte de outes ses protestations, ce qui a été consenti par MM. les députés qui, en outre, ont arrêté que les séances prises par tous les membres ne pourront nuire ni préjudicier aux droits et prérogatives respectifs des corps ou des particuliers composant l'assemblée.

Ensuite MM. les députés, pour complimenter M. le grand bailli, après s'être acquittés de leur députation, ont exprimé à M. le président la sensibilité et la reconnaissance du bailli pour la démarche qu'ils venaient de faire au nom de l'assemblée.

Ensuite M. le président a proposé de choisir des commissaires pour la rédaction des cahiers ; le nombre de huit à choisir ayant été agréé comme suffisant par toute l'assemblée, on a été aux voix dont la majeure partie s'est réunie en faveur de MM. Dubois, official et vicaire général ; Mayaudon, chanoine de la cathédrale ; le curé de Bucy ; le prieur de Saint-Léger ; le doyen de Neuilly-Saint-Front ; le prieur de Saint-Remy, et le doyen de Couvrelles, qui tous ont été priés de s'assembler pour prendre connaissance de tous les différents cahiers des doléances et d'en former un seul et unique qui serait, après la confection, communiqué à l'assemblée.

Dans l'assemblée du 13, il est d'abord arrêté que les cahiers rédigés en un seul par MM. les commissaires seraient communiqués à l'assemblée aussitôt la confection, et sur la déclaration qu'ont faite MM. les commissaires que le travail était fort avancé, l'assemblée pour l'audition dudit cahier a fixé le lundi 16 mars à quatre heures de relevée.

Il est arrêté ensuite que la lettre écrite à l'assemblée par Mgr l'Evêque de Soissons serait annexée au registre des délibérations de l'assemblée, en signe de sa sensibilité, de son respect et de sa reconnaissance, et que réponse serait faite à Mgr l'Evêque pour le remercier de ses sages avis, de ses témoignages d'affection, et lui exprimer les sentiments de vénération dûs par tout le clergé au prélat autant aimé que bienfaisant et vertueux.

A l'instant M. le comte d'Egmont, M. le comte d'Allouville, M. le comte de Noue et M. Carpentier, députés de la noblesse, sont venus complimenter l'assemblée et ont été reconduits par quatre membres de ladite assemblée. Ensuite MM. l'abbé d'Aigreville, le doyen de Notre-Dame des Vignes, l'abbé de Salmes et le prieur de Saint-Jean ont été nommés pour remercier et complimenter l'ordre de la noblesse et à leur retour ont fait part à M. le président et à l'assemblée des sentiments de cet ordre pour le clergé.

M. le président a ensuite proposé l'élection de trois scrutateurs et a demandé si l'assemblée serait d'avis de les élire successivement ou tous trois ensemble. L'assemblée, d'une voix unanime, ayant adopté ce dernier parti, MM. le curé de Serches et Guilbert, représentant de M. le curé de Sancy, ont été comme les trois plus anciens nommés à l'effet de vérifier le premier scrutin pour le choix des trois scrutateurs, MM. de Chavigny, vicaire-général, et le prieur de Saint-Jean et le doyen de Neuilly Saint-Front ont été nommés scrutateurs, et

M. l'abbé d'Argent comme suppléant en cas de l'empêchement de l'un d'eux.

Le 16 mars, le président de l'assemblée a d'abord proposé la lecture d'un mémoire envoyé par MM. les agents généraux du clergé. Après cette lecture, l'un des commissaires a lu le cahier général des doléances et remontrances. Tous les articles ont été adoptés, mais l'assemblée a désiré qu'on y ajoutât un article détaillé pour l'expression du vœu général en faveur du respect et de la soumission dus à l'autorité royale.

2° Que, quant à l'article 42 du cahier, la délibération en serait remise à la séance de demain ; 3° qu'on y ajouterait un désir et une condition plus marqués et plus expressifs à l'article 48e ; et 4° que les articles des instructions à MM. les agents-généraux du clergé qui ne sont pas repris dans le cahier général seraient discutés et examinés par MM. les commissaires pour y être ensuite insérés si l'assemblée le trouvait bon.

Le 17, l'article 42e du cahier général a été mis aux voix et, après plusieurs discussions et dissertations, cet article important a été arrêté par l'universalité des suffrages, ainsi que l'article 48e qui a une liaison intime avec ce dernier. Trois articles du mémoire de MM. les agents généraux du clergé, repris et insérés dans le cahier général, ont été également applaudis, et afin qu'aucun de MM. les députés n'eût à se plaindre, ne voyant pas l'expression de la totalité ou de la majeure partie de ses vœux dans le cahier général,

MM. les commissaires qui avaient fait sur un cahier à part l'analyse des vœux particuliers non contredits, mais qui n'avaient pas pour eux la pluralité, ont lu cette rédaction particulière qui, encore qu'elle offrît sur différents objets des vues très-sages et tendant au bien général, ne pouvait, par cela seul qu'elle n'offrait que des vœux et des sentiments particuliers, entrer dans les tableaux des vœux de la pluralité ; et comme, après cette lecture, un des membres aussi dévoués au secours de l'humanité souffrante et malade qu'habile et exercé dans cette partie, a présenté des réflexions relativement aux chirurgiens et aux matrones à établir dans les campagnes, l'assemblée, d'une voix unanime, a arrêté que ces sages réflexions seraient ajoutées à l'article chirurgiens et matrones.

Il est arrêté qu'un extrait seulement des cahiers serait envoyé à l'ordre de la noblesse.

Le 18, M. le curé de Rivière a demandé la permission de lire un écrit en forme de mémoire, relativement aux *portiers-consignes*.

Cette lecture faite, l'assemblée a jugé qu'il serait à propos que ce mémoire fût remis au secrétariat, pour être ensuite rendu au député pour lui servir d'instruction sur cet objet qui avait déjà été expliqué et consigné d'une manière particulière dans le cahier général.

MM. les députés du Tiers-Etat, au nombre de huit, sont entrés pour complimenter l'assemblée.

MM. le doyen de la cathédrale, le commandeur de Maupas, le doyen de Couvrelles et le prieur de Saint-Jean ont été priés d'aller à quatre heures de relevée remercier MM. du Tiers-Etat.

A six heures, il y eut nouvelle réunion dans laquelle on rédigea le modèle de la procuration pour les députés aux Etats-Généraux.

Le 19, il est procédé à l'élection du député aux Etats-Généraux. Sont élus M. Delettre, curé de Rivière, et comme suppléant M. Delabat, prieur-curé de la paroisse de Saint-Léger de Soissons.

(*Archives impériales.*)

CAHIER des demandes et doléances de l'assemblée du clergé du bailliage de Soissons.

Parmi les remontrances et doléances que l'assemblée nationale recevra de toutes les provinces du royaume, le clergé du bailliage de Soissons adoptera toujours de préférence les articles qui lui paraîtront devoir plus efficacement concourir à la plus grande gloire de Dieu, à l'édification de l'Eglise et au soulagement des peuples; n'adhérera en aucune manière à ce qui pourrait donner la moindre atteinte à la religion et favoriser le tolérantisme, rejetera tout ce qui pourra être contraire aux lois fondamentales de la monarchie, aux libertés de l'Eglise Gallicane, à la distinction des trois ordres, aux bases antiques et constitutionnelles sur lesquelles reposent l'autorité du monarque, la paix et la tranquillité des sujets et la plus grande prospérité de l'Etat. Pour y concourir autant qu'il est en son pouvoir, le clergé du bailliage de Soissons forme les demandes et les doléances qui suivent.

La religion étant le premier et le plus ferme appui du trône, la source par là même la plus féconde du bonheur des sujets, le roi est supplié d'interposer toute son autorité pour lui assurer et à son culte la soumission et la vénération des peuples.

La sanctification des fêtes et des dimanches, qui est une des parties les plus essentielles du culte, n'ayant jamais été plus impunément violée, le Roi est supplié d'assurer l'exécution la plus exacte des ordonnances du royaume pour l'observation de ces saints jours.

L'unité du culte, essentiellement liée avec l'unité de la foi, ne peut permettre que l'exercice public de la religion catholique, apostolique et romaine.

Rien n'étant plus contraire à l'intégrité des mœurs, à la pureté de la foi et au maintien de l'autorité que les principes empoisonnés et destructeurs que renferment tant d'écrits licencieux et prétendus philosophiques, qui circulent sans contradiction dans toutes les classes de la société par la voie de l'impression, le clergé du bailliage de Soissons supplie instamment S. M. ainsi que l'assemblée générale des Etats de considérer que la liberté indéfinie de la presse est l'invention de l'esprit philosophique du siècle qui, sous prétexte de quelques vérités utiles, s'en sert pour répandre ses maximes irréligieuses et inspirer l'insubordination, la licence et la discorde.

La religion du peuple dépendant en grande partie du zèle et de la conduite de ses ministres, le clergé du bailliage de Soissons forme les vœux les plus ardents pour le rétablissement des conciles provinciaux tous les cinq ans, comme étant les moyens les plus propres à faire revivre la discipline ecclésiastique et à maintenir l'observance des saints canons.

Par le même motif, le clergé du bailliage de Soissons demande que les évêques du royaume convoquent annuellement leur synode, afin que, par la voix consultative et délibérative de leurs coopérateurs, ils puissent proposer et sanctionner les règlements les plus sages pour l'administration spirituelle des diocèses.

Le même clergé supplie aussi S. M. d'accorder au clergé de son royaume la faculté de s'assembler en concile national toutes les fois que le demanderont les besoins de l'Église Gallicane, connus par la demande que pourront en faire nos seigneurs les évêques.

Quoique les ordonnances prescrivent que les monitoires ne seront accordés que pour les crimes les plus graves, cependant les juges laïcs en autorisent souvent la demande pour des faits peu importants et quelques fois des faits presque ridicules; les officiaux étant contraints de les accorder sous peine de la saisie de leur temporel, ils ne conservent que le triste droit de profaner les choses saintes; pour obvier à tous ces abus, le clergé du bailliage de Soissons, reconnaissant dans certaines circonstances l'utilité et la nécessité même des monitoires, supplie le Roi de vouloir ordonner que les monitoires soient réservés pour les incendiaires, les meurtres et les crimes d'Etat seulement, et que dans tous les cas on laisse aux officiaux le droit de les refuser sans qu'ils puissent être pris à partie.

Les provinces n'étant jamais plus vivifiées que lorsque la consommation des denrées se fait sur le sol qui les a produites, le clergé du bailliage de Soissons supplie le Roi que, parmi les personnes qu'il juge à propos de fixer auprès de sa personne auguste, il choisisse de préférence les personnes qui n'ont aucun titre qui les oblige à résidence.

Les besoins spirituels des peuples exigeant la présence de leurs pasteurs, et leurs besoins temporels celle des titulaires pourvus de riches bénéfices, le Roi est supplié de faire exécuter la loi qui oblige les premiers à la résidence et d'en porter une nouvelle qui y soumette les seconds, à moins que pour le plus grand bien de l'Église, ils n'aient un titre légitime qui les en dispense.

La religion et la société étant également intéressées à la conservation des ordres religieux, le clergé du bailliage de Soissons demande que leurs établissements soient maintenus et protégés; que pour leur plus grande stabilité, la partie des revenus des abbayes en commende, connue sous le nom de Tiers-Lot, soit à l'avenir réunie aux conventualités, à la charge par elles de toutes réparations quelconques; que par ce moyen les villes et les campagnes trouveraient dans ces pieux établissements encore plus de ressources, l'on aurait la certitude que les fermes, bâtiments, églises et lieux claustraux seraient mieux entretenus, les successions des titulaires moins embarrassées, et l'on ne verrait plus des titulaires ne laisser après eux que des charges onéreuses pour leurs successeurs, et souvent des procès qui ne laissent aux familles que la triste ressource de renoncer à toute hérédité.

Par les changements que la succession des temps a opérés dans l'opinion des peuples, la mendicité ayant fait succéder au respect qu'elle inspirait pour les religieux, une sorte de mépris pour leurs personnes, le clergé du bailliage de Soissons demande la proscription de toute mendicité religieuse, et qu'il soit attribué aux religieux mendiants une dotation modérée qui, en les sauvant de l'humiliation de la mendicité, les soumette toujours à l'obligation du travail.

Pour rendre les ordres religieux aussi utiles à la société qu'ils sont précieux à l'Église, il serait à désirer, et le clergé du bailliage de Soissons le demande, que plusieurs de leurs maisons soient destinées à l'éducation publique ; par ce moyen, l'on procurerait aux religieux une vie plus occupée et plus active et l'on rendrait moins dispendieuse pour les familles l'éducation qu'elles doivent à leurs enfants, éducation qui n'est souvent négligée qu'à cause des facilités et des moyens qui leur manquent.

Les églises collégiales étant de la plus grande utilité, soit pour la société, soit pour le culte public, le clergé du bailliage de Soissons désire que ces chapitres soient protégés et maintenus. Par le moyen de ces titres, les jeunes ecclésiastiques trouvent le moyen de fournir à la carrière de leurs études, de se procurer des titres cléricaux, et les ministres qui ont mérité par leurs travaux une vie plus paisible, y trouvent un asile qui peut faciliter leur retraite.

Pour la plus grande édification des fidèles et la plus parfaite exécution des intentions de l'Eglise, le clergé du bailliage de Soissons forme des vœux pour qu'il existe une loi qui exclue de la nomination et résignation aux canonicats des églises cathédrales tout clerc qui ne serait pas initié dans les ordres sacrés.

Les chapitres des églises cathédrales étant le sénat de l'évêque, il paraîtrait dans l'ordre qu'un certain nombre de prébendes devinssent la récompense des pasteurs qui, après un ministère de vingt ans, seraient pour les évêques d'une grande utilité par leur expérience et leurs lumières.

Rien n'étant plus préjudiciable à la conduite des paroisses que l'inexpérience de leurs pasteurs; il serait à désirer qu'il fût porté une loi qui exclût de la nomination et résignation aux cures tout prêtre qui n'aurait pas trois ans accomplis de ministère.

L'éducation de la jeunesse des campagnes méritant toute la vigilance des pasteurs, il serait désiré un règlement qui prescrirait que sur les plaintes motivées que les curés auraient à faire contre les maîtres ou les maîtresses d'école, il serait toujours fait droit à leurs plaintes, comme aussi que, vu la modicité des revenus des maîtres d'école dans certaines paroisses, l'on travaillât à leur faire un sort plus avantageux, afin qu'ils fussent moins distraits des soins qu'ils doivent à l'éducation de la jeunesse.

La portion congrue accordée aux curés étant insuffisante pour leurs besoins et celui des peuples qui leurs sont confiés, le clergé du bailliage de Soissons regarde comme une chose juste et nécessaire qu'il leur soit attribué, ainsi qu'aux curés de l'ordre de Malte, un revenu en nature convenable à la décence de leur état, et qui les mette plus à même de soulager les misères de leurs paroissiens.

Pour opérer l'amélioration portée aux deux articles ci-dessus, outre la charge qui doit être portée par les décimateurs, comme dans plusieurs circonstances les dîmes ne pourraient suffire pour remplir cet objet, l'on indique à Sa Majesté la réunion des bénéfices simples, de ceux surtout qui sont les plus voisins des paroisses qu'il faudrait doter, réunion qui s'opérerait avec les formalités de procédure ordinaire ; cependant, pour la plus grande facilité et le plus grand bien, il serait à désirer que l'union de plusieurs bénéfices simples à un ou plusieurs établissements pût s'opérer par un seul et même décret, et par conséquent par une seule homologation. Si ce moyen n'était pas encore suffisant pour parvenir à un terme si nécessaire et si universellement désiré, comme Sa Majesté, par sa déclaration du 6 septembre 1786, a indiqué elle-même les revenus des abbayes en commende qui seraient vacantes, le clergé du bailliage de Soissons supplie Sa Majesté d'accélérer l'effet de cette promesse qui serait le moyen le plus efficace et le moins onéreux pour parvenir à la dotation si désirable des curés et des vicaires.

Cette dotation ainsi pratiquée, le clergé du bailliage de Soissons demande la suppression du casuel dans les paroisses de campagne du diocèse, pour ce qui regarde l'administration des sacrements et les sépultures qui ne seront pas demandées au-dessus du cours ordinaire, sauf cependant les droits des fabriques et des maîtres d'école.

La prévention utile pour assurer des titulaires qu'elle peut lui procurer, pourquoi le clergé du bailliage de Soissons, considérant d'un côté les avantages du droit de prévention, de l'autre les abus qu'elle peut occasionner, supplie instamment le Roi qu'en laissant subsister le droit de prévention, il veuille en restreindre les inconvénients, en portant une loi qui statue que les collateurs ne pourront être prévenus que trois mois après la vacance des bénéfices. Par cette loi, Sa Majesté mettrait un frein à la cupidité, ne laisserait pas de bénéfices trop longtemps vacants et préviendrait pour les bénéfices à charge d'âmes tout abus dont le moindre pourrait avoir les suites les plus funestes.

Le droit des archidiacres, connu sous le nom de déport, privant pendant un assez long temps les paroisses de la présence toujours nécessaire de leurs pasteurs, le clergé du bailliage de Soissons demande la suppression de ce droit dans toute l'Eglise Gallicane, persuadé que les seigneurs évêques trouveront dans leurs diocèses respectifs des moyens de donner aux archidiacres une indemnité équivalente.

Comme après le décès des curés, l'on appose dans leurs presbytères le scel de la justice royale, pour garantir le dépôt des registres contenant les actes de baptêmes, mariages et sépultures, le clergé du bailliage de Soissons demande que les frais résultant de cette apposition ne tombent point à la charge de la succession des curés décédés, mais à celle des habitants qu'intéresse la conservation de ces registres.

Dans les paroisses où il y aura conflit de plusieurs justices, le clergé du bailliage de Soissons demande que les justiciables ne paient qu'une fois les droits, savoir à la justice qui aura prévenu.

Un grand nombre d'habitants de la campagne étant ruinés souvent par les droits qu'entraînent les moindres procès, il serait à désirer que, dans chaque paroisse de la campagne surtout, il y eût un tribunal composé d'habitants choisis par la commune, qui serait autorisé à juger sommairement et sans frais, à l'instar de la juridiction consulaire, des affaires dont la nature et la valeur seraient déterminées par le gouvernement; pourquoi l'on désirerait que les invalides fussent répartis dans les campagnes pour le maintien de la police.

La mendicité étant la source des plus grands

vices et des abus les plus dangereux, le clergé du bailliage de Soissons en demande la proscription ; pourquoi, pour assurer aux pauvres une subsistance nécessaire, il désire que dans les paroisses les plus considérables, ou dans un district déterminé pour celles qui le seraient moins, il soit établi un bureau de charité dont les fonds seraient pris, ou sur la contribution volontaire des plus riches propriétaires et fermiers des lieux, ou sur une imposition ordonnée d'un denier par livre sur la totalité des impositions des paroisses ou des districts déterminés, et lorsque cela pourrait avoir lieu sur les fonds ci-dessus indiqués pour la dotation des curés et vicaires.

Les pauvres malades des campagnes manquant souvent des ressources les plus nécessaires dans leurs maladies, plusieurs même succombant faute de secours, le clergé du bailliage de Soissons demande qu'il soit établi aux frais du gouvernement des chirurgiens par districts déterminés ; que ces chirurgiens soient choisis de préférence parmi les chirurgiens-majors des régiments qui auront fait leur retraite, ou parmi d'autres chirurgiens pris au concours à la Saint-Côme, qui auront obtenu les attestations nécessaires, lesquels chirurgiens seront dotés sur les fonds que le Roi donne à la Société royale, ce qui serait beaucoup plus utile et mieux employé que les remèdes que le gouvernement fait distribuer dans les campagnes; que leurs mémoires de visites certifiés soient visés par les municipalités, et que les paroisses soient autorisées à surveiller leur diligence et à se plaindre s'il y a lieu.

Les populations dépendant essentiellement des secours que l'on donne aux femmes en couches, il est de la plus grande importance qu'elles ne soient pas livrées à l'ignorance trop fréquente des sages-femmes, pourquoi le clergé du bailliage de Soissons demande qu'il soit défendu, sous les peines les plus graves, à aucune femme d'exercer les fonctions de matrone, qu'elle n'ait fait un cours suffisant dans une école d'accouchement et qu'elle ne soit munie de certificats de capacité suffisants.

La misère des campagnes provenant en partie de ce qu'un seul cultivateur concentre l'exploitation d'une trop grande quantité de terres, le clergé du bailliage de Soissons estime comme très-important qu'il ne soit désormais permis à aucun fermier d'exploiter au-delà de quatre charrues, à moins qu'un plus grand nombre de charrues ne fasse partie d'une même propriété ; ce qui éloignerait encore le préjudice qui résulte pour les consommateurs de payer plus chèrement les denrées.

Un grand nombre de fermiers se trouvant souvent ruinés par la mort des titulaires des bénéfices consistoriaux qui opère la cessation des baux passés, le clergé du bailliage de Soissons demande instamment au Roi que les baux passés par les titulaires décédés qui n'excéderont pas neuf années, obligent leurs successeurs jusques au terme de leur opération ; par cette loi, l'agriculture serait encouragée, les laboureurs seraient moins exposés, et ils ne feraient pas, comme il arrive souvent, des pertes irréparables.

La trop grande liberté accordée pour les défrichements ayant occasionné la rareté des bestiaux, et faisant craindre que dans la suite elle ne mette plusieurs campagnes dans l'impossibilité de faire des élèves, le clergé du bailliage de Soissons supplie le Roi d'interdire désormais tout défrichement qui n'aura pas été jugé utile par qui il appartiendra.

Pour prévenir les disettes et rendre inutile toute espèce d'accaparement, le clergé du bailliage de Soissons propose que dans le chef-lieu de chaque élection, il soit fait par le gouvernement un approvisionnement de blé suffisant pour assurer la tranquillité publique et ne laisser craindre dans aucun temps les horreurs de la disette.

L'agriculture faisant la principale ressource du bailliage de Soissons, sa proximité des grandes forêts occasionne de grands préjudices par l'abondance du gibier qui nuit aux propriétaires et aux cultivateurs ; c'est pourquoi le clergé du bailliage de Soissons, quoique possédant plusieurs seigneuries et fiefs, réclame les lois les plus précises et les plus sévères, même la suppression, ou du moins la plus grande réforme dans les capitaineries, pour que le gibier y soit moins abondant ; pour cela, le clergé désire que les municipalités soient autorisées à poursuivre l'exécution des lois contre tout seigneur, de quelque qualité et condition qu'il soit, sans observer les formes de procédure prescrites par les arrêts.

Pour prévenir les fraudes dont plusieurs particuliers se plaignent et avec raison pour le moulage de leur blé, le clergé du bailliage de Soissons demande que tous les meuniers soient tenus, suivant les ordonnances, d'avoir dans un lieu apparent de leurs moulins, des fléaux, poids et balances, et qu'il soit libre à tout particulier de les payer soit en argent, soit en nature.

La levée des milices privant souvent les familles de sujets souvent très-intéressants à l'agriculture et nécessaires au bonheur de ceux qui leur ont donné le jour, le clergé du bailliage de Soissons désire que ces enrôlements soient remplacés dans chaque paroisse par une taxe de trois livres imposée sur chaque garçon depuis l'âge de dix-huit ans jusqu'à celui de 40, pour en former une somme qui serait employée par chaque paroisse à fournir l'Etat de sujets de bonne volonté, qui seraient par là même moins équivoques.

Pour prévenir toute perte et dissipation des biens communaux, en même temps pour obvier aux frais inutiles occasionnés par le concours des officiers de justice, le clergé du bailliage de Soissons demande une loi qui oblige les administrateurs des biens communaux à rendre compte de leur administration par chacune année devant l'assemblée des communes qui a privativement le droit de le recevoir et de l'arrêter.

Le peuple étant tous les jours vexé et grevé par l'arbitraire qui règne dans la partie des domaines et dans celle du contrôle, le clergé du bailliage de Soissons supplie l'assemblée nationale de porter sur ce double objet la plus scrupuleuse attention et d'obtenir une fixation qui mette les sujets à l'abri de l'arbitraire et de l'injustice ; ce qui pourrait facilement s'opérer, au moins pour la partie du contrôle, si l'on renvoyait un tarif sanctionné à chaque municipalité.

Le Roi ayant déjà exprimé à son peuple le vœu que formait son cœur paternel de parvenir à la suppression totale du droit des aides, le clergé du bailliage de Soissons se flatte que l'assemblée générale des Etats fera de cet objet important le sujet de ses délibérations les plus sérieuses ; en conséquence, il proposerait de remplacer cet impôt ruineux par la multitude des formes sous lesquelles il se produit, par une imposition qui ne porterait que sur les fonds des vignes, comme sur les autres terres, toutefois dans leur valeur comparative ; ou si le besoin des circonstances ne pouvait encore permettre au Roi de réaliser son vœu et celui de ses peuples, que provisoirement, pour toute imposition, chaque pièce de vin soit taxée à trois livres après l'inventaire qui en serait fait aussitôt après la vendange. Par ce moyen on réunirait le double avantage de diminuer en grande partie les frais de perception et de rendre au commerce des vins toute la liberté dont il est important qu'il jouisse.

La suppression de la gabelle n'étant pas moins intéressante pour les peuples, vu que le sel est un objet de consommation de première nécessité tant pour les besoins de l'homme que pour la perfection de l'agriculture et l'éducation des bestiaux, le clergé du bailliage de Soissons forme des vœux ardents pour que le roi puisse réaliser l'espoir qu'il a donné à son peuple, et que le sel ait une même valeur dans tout le royaume par une taxation uniforme modérée, ou qu'on le fasse entrer dans la classe des objets de commerce.

La liberté individuelle étant de droit national et français, le clergé du bailliage de Soissons demande qu'il ne lui soit porté aucune atteinte par l'usage arbitraire ou peu réfléchi des lettres de cachet, et que si, dans certains cas, le bien de l'Etat ou celui des familles oblige d'y recourir, que ce ne soit que d'après une procédure ordinaire, mais secrète.

Les assemblées provinciales pour opérer le bien qu'on s'est proposé dans leur établissement, ont besoin d'une organisation plus simple et moins dispendieuse; pourquoi le clergé du bailliage de Soissons, qui reconnaît leur utilité, désire que, puisque les assemblées provinciales sont chargées des fonctions ci-devant exercées par d'autres administrateurs, l'on supprime toute place qui, devenue inutile, occasionne une double dépense, suppression qui deviendrait plus indispensable encore si, conformément au vœu général du même clergé, il plaisait au Roi de substituer des Etats provinciaux aux nouvelles administrations provinciales.

La justice est le premier devoir des rois envers leurs peuples, rien donc ne doit les intéresser davantage que la réformation des abus dans l'administration de cette même justice; ces abus provenant principalement de la vénalité des charges, de la trop grande étendue des ressorts des cours de justice, de la longueur des procédures, de l'imperfection des codes, tant civil que criminel, du peu d'attributions et considération accordées aux tribunaux inférieurs des provinces, le clergé du bailliage de Soissons désire que les charges de judicature ne soient plus vénales, qu'elles soient successivement remboursées à la mort de chaque titulaire; que le ressort des cours de justice soit plus circonscrit, et, par là, la justice plus rapprochée des justiciables ; qu'on travaille le plus tôt possible à perfectionner le code civil et criminel, notamment pour la longueur et les frais énormes des procédures ; que les tribunaux inférieurs des provinces reçoivent plus d'attributions et de considération ; que, pour cela, le choix des magistrats qui les composent soit plus éclairé, leur nombre plus considérable, et les épreuves dans les écoles de droit plus rigoureuses.

Le zèle patriotique dont le clergé de France a donné des preuves si éclatantes dans les différents besoins de l'Etat, doit faire préjuger les dispositions particulières du clergé du bailliage de Soissons dans ce moment où le désordre des finances de l'Etat paraît imposer à tous les ordres la loi du plus grand sacrifice. Pour en donner l'exemple, le clergé du bailliage de Soissons demande, sous le bon plaisir et le consentement du Roi, à être imposé, sans aucune exception pécuniaire dans la juste proportion de ses biens fonds, pour les subsides librement consentis dans l'assemblée des Etats-Généraux, d'après la vérification contradictoire qui en sera faite tous les vingt ans, et pas plus souvent, par les assemblées provinciales ou Etats provinciaux, avec les commissaires députés du clergé de chaque province ; ne veut cependant le clergé du bailliage de Soissons et ne peut comprendre dans l'engagement qu'il contracte, les biens des hôpitaux, hôtels-Dieu, maisons de charité, d'éducation, qui n'ont pas été imposés jusqu'à ce jour.

Les dîmes ayant, d'après l'édit de 1695, une triple destination principale : celle de pourvoir à l'entretien et réparation des églises, de payer les portions congrues dans les paroisses où elles ont lieu, ou de fournir à l'honnête entretien des titulaires, de soulager et secourir les pauvres des paroisses, le clergé du bailliage de Soissons demande comme une justice rigoureuse que l'imposition à fixer et à déterminer ne puisse porter que sur l'excédant, défalcation faite des charges.

Le Roi ayant solennellement promis à son peuple de ne jamais établir ni provoquer aucun impôt sans le consentement de la nation assemblée en Etats-Généraux, le clergé du bailliage de Soissons adopte et se soumet à l'imposition qui sera arbitrée nécessaire par l'assemblée nationale pour réparer l'état des finances, mais comme les besoins ne seront pas toujours les mêmes, il présume que la nouvelle imposition ne sera consentie que pour un temps déterminé, et que l'assemblée nationale fixera l'époque où la France pourra être certaine de voir le peuple soulagé, pour ensuite le clergé participer en égale proportion au bénéfice des trois ordres de l'Etat.

Le clergé du bailliage de Soissons demandant à être imposé dans ses biens comme les autres sujets, c'est un motif de plus qui doit faire respecter les propriétés et les rendre intactes suivant les lois des propriétés et les constitutions du royaume, le clergé du bailliage de Soissons n'adoptera donc aucun système qui pourrait donner aux propriétaires de l'Eglise aucune atteinte.

Le clergé, qui jusqu'ici a conservé des formes particulières soit pour s'imposer, soit pour faire la perception de ses contributions, doit être maintenu dans ce privilége qui ne peut porter aucun préjudice aux autres citoyens du royaume et qui réunit l'avantage d'une justice distributive, variée suivant la nature des bénéfices et la position des différents titulaires; mais pour obtenir cette justice distributive, le clergé du bailliage de Soissons demande, pour condition préalable, que la chambre syndicale soit différemment organisée, qu'elle soit composée de députés choisis dans toutes les classes des contribuables, soit séculiers, soit réguliers, que chaque doyenné et maison religieuse y soit représenté par un député librement choisi, soit dans une assemblée décennale, soit dans une assemblée conventuelle, que les abbés réguliers et commendataires, tout bénéficier, chapitre de cathédrale et collégiale, puissent librement s'y faire représenter suivant leurs droits anciens et respectifs, que la moitié des membres soit renouvelée tous les trois ans, et de préférence dans les assemblées synodales, si elles ont lieu à cette époque; que la répartition des contributions se fasse dans l'assemblée des députés, que le syndic soit renouvelé ou continué dans la même assemblée et qu'en cas de vacance dans l'intervalle des trois dites années, il puisse être provisoirement nommé par Mgr l'évêque et les membres de la chambre syndicale, pour qu'il en exerce les fonctions jusqu'à l'assemblée nationale; que tous les ans il soit imprimé un tableau des contributions individuelles pour être communiqué à tous les contribuables. Telles sont les demandes du clergé du bailliage de Soissons pour l'organisation de sa chambre syndicale.

Si le clergé du bailliage de Soissons consent et forme même des vœux pour ne conserver aucun privilége pécuniaire, c'est une conséquence nécessaire qu'il doit être assimilé aux autres sujets de S. M. relativement à certaines lois qui ne pesaient auparavant que sur le corps du clergé; il est donc fondé à demander que pour les gens de main-morte, l'on ne suive d'autre loi pour la coupe des bois que celles existantes pour tous les autres sujets du royaume, ou telles autres qu'il lui plairait de porter sur un objet aussi important.

C'est une seconde conséquence que le clergé doit jouir dans l'administration de ses biens de la même liberté dont jouissent les autres citoyens, et qu'on ne peut lui refuser l'abrogation des droits d'amortissement résultant des réparations et reconstructions des maisons appartenant aux gens de main-morte, outre que c'est un point de justice, les citoyens de tous les ordres en retireraient les plus grands avantages par les habitations plus vastes, plus commodes et plus salubres, sans compter l'embellissement des villes qui seraient la suite d'une telle liberté.

Par une troisième conséquence non moins juste, il est à observer que les individus du clergé se devant tout entiers à leurs fonctions, n'ont et ne peuvent avoir d'autres ressources que dans leur état même, et qu'ils seraient par conséquent plus grevés que les autres sujets, si on ne leur accordait aucune indemnité dont leur état leur interdit même l'espoir; ce serait donc un bien faible dédommagement que l'Etat semble devoir à ses ministres, s'il était statué que les presbytères, maisons vicariales, couventuelles, religieuses, abbatiales, canoniales, palais épiscopaux, hôtels-Dieu et hôpitaux seraient exempts de toute imposition.

Le clergé ne pouvant être imposé en tous sens et de toute manière, il est évident qu'il ne doit et ne peut supporter que les mêmes impositions que les autres citoyens; pourquoi le clergé du bailliage de Soissons, qui consent à ne jouir d'aucun privilége pécuniaire, n'y donne son assentiment que sous la condition expresse que toute autre imposition, de quelque nature et dénomination qu'elle soit, ne pourra peser sur lui qu'autant qu'elle sera commune à tous les ordres de citoyens, sous la condition, en outre, que la dette du clergé fera partie de la dette nationale contractée pour les besoins de l'Etat de l'aveu du gouvernement, par les demandes expresses du Roi et par là même pour l'utilité publique.

Les lois onéreuses et dispendieuses qui existaient pour les gens de main-morte pour parvenir à des coupes réglées, une fois abrogées, le clergé du bailliage de Soissons pense qu'on ne peut trop encourager et faciliter aux gens de main-morte les moyens de nouvelles plantations dans tous les terrains vagues et incultes qui leur appartenaient; pour cela il faudrait multiplier les pépinières dans chaque généralité, ce qui assurerait à l'Etat et aux propriétaires les plus nouvelles ressources qu'ils pourraient se préparer.

En vertu de l'engagement de la part de S. M. de ne jamais établir ni proroger aucun impôt sans le consentement de la nation assemblée en Etats-Généraux, c'est une conséquence nécessaire qu'aucun emprunt ne pourra être fait qu'au nom de la nation même; le clergé du bailliage de Soissons supplie donc instamment l'assemblée des Etats de sanctionner une vérité si importante, de façon que la nation ne devienne garante que des emprunts qui auraient été faits par elle et en son nom.

Comme le désordre des finances pourrait être occasionné ou par la négligence ou par la cupidité de ceux qui les administrent, le clergé du bailliage de Soissons forme des vœux pour que chaque année il soit rendu à la nation un compte-général de l'état des finances, et que de plus chaque ministre dans son département en rende un particulier qui faciliterait au public l'intelligence du compte général.

L'assemblée nationale devant proportionner l'impôt à la charge publique, elle ne peut y procéder en juste proportion, qu'autant qu'elle pourra fixer les dépenses ordinaires de chaque département ; il serait donc à souhaiter que la dépense de chaque département du ministère fût fixée et déterminée autant que la chose est possible, et que chaque ministre devînt par lui-même comptable et responsable des sommes qui lui auraient été confiées.

Il arrive souvent que, contre le gré et la volonté des princes apanagés, les citoyens existants dans l'étendue de leurs apanages sont quelquefois plus grevés et moins heureux que ceux existants dans les domaines du Roi ou dans les autres parties du Royaume, c'est ce qui oblige le clergé du bailliage de Soissons à réclamer avec les autres citoyens de la généralité pour demander la suppression d'un droit de péage tant à Soissons qu'à Jaulzy et autres lieux, comme n'étant fondé sur aucun titre, le prince ne se trouvant plus chargé de la fonction et entretien des grands chemins, et comme nuisible à la liberté du commerce, et par là même très-préjudiciable à la province.

Ce qui occasionne que beaucoup de sujets des trois ordres ne sont pas aussi heureux qu'ils pourraient l'être, c'est la distribution trop inégale des biens, des places et des dignités ; pourquoi le clergé du bailliage de Soissons supplie S. M. de ne jamais accumuler sur une même tête des biens qui, sagement divisés, pourraient suffire à la subsistance honnête de chaque individu, et prévenir les maux que l'abondance, l'abondance surtout ecclésiastique, entraîne souvent après elle.

Le bon ordre prescrivant que ceux qui sont nommés aux places en soient dignes par leur mérite et leurs lumières, le clergé du bailliage de Soissons supplie instamment S. M. d'employer toute sa vigilance pour ne récompenser que des sujets qui en soient dignes et que pour toutes les places, notamment celles de l'Église, elle choisisse indistinctement dans toutes les classes des citoyens, ceux qui seront plus dignes de fixer son choix.

Dans la multitude des écrits séditieux qu'une effervescence combinée vient de mettre au jour, le clergé du bailliage de Soissons a gémi et n'a pu concevoir comment, sous un règne qui ferait aimer la puissance absolue, l'on a osé attaquer et dénaturer la puissance monarchique tempérée par les lois, l'explosion des principes irréligieux et inconstitutionnels qui vient d'éclater avec bruit était annoncée dès la naissance de l'esprit philosophique; dans plusieurs circonstances, la religion alarmée des pasteurs les avait conduits au pied du trône pour annoncer au Roi les malheurs qui nous affligeaient et que l'irréligion nous préparait. Ce fatal instant est arrivé, mais dans une époque qui nous rassure, parce que la nation, connaissant les dangers qui la menacent, flétrira les ennemis qui l'attaquent. Dans cette conviction, le clergé du bailliage de Soissons adoptera tout ce que la sagesse de l'assemblée des Etats jugera propre à concourir au maintien de l'autorité royale dans toute sa plénitude et son intégrité ; qu'il ne soit porté aucune atteinte aux lois constitutionnelles de l'Etat, et puisque la nation voit naître le jour qui doit la rétablir dans ses droits primitifs et essentiels, que cette époque mémorable, qui doit assurer sa gloire, se renouvelle à des distances fixes et déterminées, et que pour cela, il soit arrêté que la nation s'assemblera désormais tous les cinq ans, suivant la forme la plus juste et la plus parfaite qui sera adoptée et sanctionnée par le Roi dans la prochaine assemblée des Etats.

(*Archives impériales.*)

DISCOURS prononcé par M. le comte d'Alouville à la tête de la députation que l'ordre de la noblesse a envoyée à l'ordre du Tiers-Etat, le jeudi 19 mars 1789, pendant la tenue de l'assemblée des trois ordres du bailliage de Soissons.

MESSIEURS,

L'ordre de la noblesse nous a chargés d'avoir l'honneur de vous faire ses remerciements de votre députation, et de vous assurer de la sensibilité dont il est pénétré pour les principes d'union et de patriotisme qu'elle lui a annoncés de votre part.

Il nous a également chargés de vous renouveler le vœu qu'il s'est empressé de former à sa première séance, concernant l'égalité de l'imposition sans distinction d'ordres, sur toutes les propriétés dans la forme de répartition qui sera consentie et adoptée par les Etats-Généraux.

Vous apprendrez certainement, Messieurs, avec une satisfaction égale à la nôtre que M. le comte d'Egmont a accepté la députation de la noblesse de ce bailliage; l'ordre est bien persuadé que vous lui nommerez des coopérateurs dignes de lui par leur patriotisme, leurs vertus et leurs lumières.

Nous sommes tous Français, Messieurs, et quoique séparés par ordre, nous avons les mêmes intérêts, les mêmes vues et les mêmes désirs pour la gloire du monarque et le bonheur de son empire.

La noblesse qui combat avec vous pendant la guerre, fait aussi consister sa gloire à partager vos travaux pendant la paix; elle regarde la répartition égale comme une justice et non comme un sacrifice.

Elle est bien convaincue que l'assemblée, après avoir prouvé au Roi, régénérateur de la monarchie, son dévouement, son respect et sa reconnaissance, et présenté les mêmes vœux et les mêmes résultats, ne se séparera que par des cris redoublés de vive le Roi, vive la Nation !

(*Cabinet de M. Mazure, maire de Braine.*)

ORDRE DU CLERGÉ (*).

MM. L'évêque de Soissons, représenté par M. de Revilliase, prévôt du chapitre de l'église cathédrale.

Le cardinal de Bernis, abbé de Saint-Médard. Absent.

Le chapitre de l'église cathédrale de Soissons, représenté par MM. Mayaudon, doyen ; Mayaudon ; Saluces, et Dubois, chanoines députés.

De Revilliase, prévôt du chapitre de la dite église.

L'abbé D'Argent, abbé de S^t. Crépin le Grand.

L'abbé de Saint-Yves de Braine.

Le grand archidiacre de l'église de Soissons.

Le trésorier de la cathédrale.

L'abbé Montmignon, vicaire général.

L'évêque de Pergame, abbé de Longpont. Absent.

L'abbé de S^t. Léger. Absent.

Cagnia de Montbourg, abbé de Saint-Crespin en Chaye, représenté par M. l'abbé Montmignon.

L'abbé de l'abbaye de Chartreuve, ordre de Prémontré, représenté par M. Chadubec, chanoine de l'église de Soissons.

L'abbé de l'abbaye de Valsery. Absent.

L'abbé de l'abbaye de Valchrétien. Absent.

L'abbé de Prémontré, pour un fief sis à Bieuxy. Absent.

L'abbé d'Igny pour lez fiefs de Besson et Melchierc, paroisse du Mont S^t. Martin. Absent.

(*) Nous avons suivi l'orthographe des pièces originales.

Le prieur commendataire du prieuré de Montgru, représenté par M. Caron, prieur de Latilly.

M. le commandeur de Maupas.

Le commandeur de Cuiry Housse. Absent.

Le chapitre de l'église cathédrale de Noyon pour son fief au petit Brieuxi, représenté par M. Robert, chanoine de l'église de Soissons.

M. le prévôt de Chivres. Absent.

M. le prévôt de Laval. Absent.

M. le prévôt de Rugny, représenté par M. Manesse, prieur de Branges.

M. le prieur titulaire du prieuré de St Thibault, représenté par Dom Vattin, religieux bénédictin de St Médard.

M. le prieur commendataire du prieuré de S. Remy de Braine, représenté par M. Reyzer, doyen, curé de Saint-Vaast.

M. le prieur du prieuré de Bretigny, représenté par Dom Vattin, religieux de St Médard.

M. l'abbé Houllier, prieur de la chapelle de St Pierre de Sept Monts.

M. le prieur titulaire du prieuré de Nadon, paroisse de Louâtre, représenté par Dom Mignot, sous-prieur de St Médard lez Soissons.

M. le chapelain titulaire de la chapelle de Couvrelles, représenté par M. Tartenson, curé du dit lieu.

Les prêtres de l'Oratoire de cette ville, à cause de leur fief de St Pierre à La Chaux.

La communauté des prêtres du Séminaire de Soissons pour leur fief de Bieuxy et Genneviere.

MM. les abbé et religieux de St Faron de

Meaux pour leurs fiefs à S¹ Remy, Blanzy et seigneurie de Parcy. Absents.

MM. les abbé et religieux de S¹ Remy de Reims pour leur seigneurie à Dhuizel. Absents.

M. le prieur de Coincy pour sa seigneurie à Pars. Absent.

MM. les prieur et religieux de S¹ Martin de Tours, pour leur seigneurie à Lucy le Bocage. Absents.

MM. les religieux de Marchienne, pour leur fief à Vregny. Absents.

La communauté des religieux de Vancelle. Absente.

M. l'archevêque de Bordeaux pour la terre d'Abbates de Mareuil, paroisse d'Epagny, dépendance de l'abbaye Fourscamp, représenté par M. Hubert, vicaire général de Soissons.

Les dames abbesse, prieure, et religieuses de Notre-Dame de Soissons, représentées par M. Santuet, prêtre, chanoine de S¹ Pierre au Parvis.

Les dames abbesse, prieure et religieuses de l'abbaye royale de S¹ Paul de La Barre lez Soissons, représentées par M. l'abbé de Bouchera, résidant à Soissons, et naturalisé Français.

Les dames, abbesse, prieure et religieuses de l'abbaye royale du Val de Grâce, pour leurs terres et seigneuries de Goussancourt, représentées par M. Carrier, chanoine de l'église de Soissons.

Le chapitre de l'église collégiale de Notre-Dame des Vignes, de Soissons.

Le chapitre de l'église collégiale de St Pierre au Parvis de la dite ville.

La communauté des prêtres de St Vaast.

La collégiale de Berzy.

La communauté de l'abbaye de St Jean ès Vignes.

La communauté de l'abbaye de St Léger de Soissons.

La communauté de l'abbaye de St Médard lez Soissons.

La communauté de l'abbaye de St Crespin le grand.

La communauté de l'abbaye de St Crespin en Chaye lès Soissons.

La communauté des Feuillans. Absente.

La communauté de l'abbaye de Valsery, ordre de Prémontré.

La communauté de l'abbaye de Valchretien, même ordre.

La communauté de l'abbaye de Longpont, ordre des Bernardins.

Les dames prieure et religieuses de l'abbaye de Braine, représentées par M. Reizer, doyen, curé de St Vaast.

Les dames prieure et religieuses du Monastère de la Congrégation de Soissons, représentées par le Père Mousty, religieux Carme, directeur de la communauté.

Les religieux minimes de Soissons.

Les dames religieuses minimes de la dite ville, représentées par le R. P. Corré, religieux minime, leur directeur.

Les dames prieure et religieuses de la communauté de Charme pour leur fief d'Halloudray, paroisse de Latilly, représentées par M. Landon, chanoine religieux de Saint Jean ez Vignes de Soissons.

La communauté de l'abbaye de Chartreuve.

Le chapitre de l'église collégiale de Sainte Sophie.

La communauté de l'abbaye de St Yves de Braine.

Les prêtres habitués de la paroisse de St Remy de Soissons, représentés par M. Lallier, l'un d'eux.

MM. les Curés.

M. le prieur, curé de St Leger de Soissons.

M. le doyen curé de Notre Dame des Vignes de la dite ville.

M. le prieur curé de S. Remy, *idem*.

M. le curé de St Martin, *idem*.

M. le curé de St Quentin, *idem*.

M. le curé de St Waast, *idem*.

M. le prieur curé de St Jacques, *idem*.

M. le curé des Fonts, *idem*.

M. le curé de St Pierre le vieux, *idem*.

M. le curé de St Germain, *idem*.

M. le curé de St Médard, *idem*.

M. le curé de Bellu, représenté par M. Pourcelle, curé de Sept monts.

M. le curé de Noyan.

M. le curé de Buzancy, représenté par M. le curé de Trigny.

M. le curé de Villemontoire.

M. le prieur curé de Chaudun.

M. le curé de Vierzy.

M. le curé de Villers Hellon, représenté par

M. Petit de Reimpré, doyen curé de Notre Dame des Vignes.

M. le curé de Louatre.

M. le curé d'Hartannes, représenté par M. le curé de Tigny.

M. le curé de Taux, représenté par M. le curé de Sept mont.

M. le curé de Tigny.

M. le curé de Parcy, représenté par M. le doyen curé de Berzy.

M. le curé du Plessier Helleux.

M. le prieur du Grand Rozoy, représenté par M. l'abbé Cousin.

M. le curé de Beugneux, représenté par le même.

M. le prieur curé de Lannois, représenté par M. Durand, trésorier de l'abbaye de S¹ Jean ez Vignes.

M. le curé de Droisy.

M. le curé de Longpont. Absent.

M. le curé de S¹ Remy Blanzy, représenté par M. Pruneau, prefès du collége de l'Oratoire.

M. le curé de Billy sur Ourcq.

M. le curé de Rozoy S¹ Albin, représenté par M. le curé de Villemontoire.

M. le prieur curé de Neuilly S¹ Front.

M. le curé de S¹ Remy de Neuilly.

M. le curé de Vichelle.

M. le curé de Muret, représenté par M. de Rochefort, chanoine de l'église de Soissons.

M. le curé de Maast, représenté par M. le curé de Couvrelle.

M. le curé de Nanteuil, représenté par…

M. le curé de Chacrise, représenté par M. le curé d'Acy.

M. le curé d'Ambrief... Absent.

M. le curé de Rozière, représenté par M. Houillier, chanoine de l'église de Soissons.

M. le curé de Sept Mont.

M. le curé de Torcy. Absent.

M. le curé de Lucy le Bocage. Absent.

M. le prieur curé de Latilly.

M. le curé de St Hilaire Montgru, représenté par M. Dupais, sous-diacre de la maison de l'Oratoire.

M. le curé de Nampteuil sur Ourcq.

M. le curé d'Armentières.

M. le curé de Rocourt, représenté par M. le curé de Pernant.

M. le curé de Bruyères, représenté par M. le curé de Leury.

M. le curé de Nampteuil Notre-Dame, représenté par...

M. le curé de Cugny, représenté par M. le prieur curé Doulchy le château.

M. le prieur curé de Doulchy le château.

M. le prieur curé de Doulchy la ville, représenté par M. Robert, prieur curé de Chaudun.

M. le curé de Doigny, représenté par M. le prieur de l'abbaye de Valsery.

M. le curé de Vauxrezis.

M. le curé de Cuisy en Allemont.

M. le curé de Tartier.

M. le curé de Nouvron.

M. le curé de Berny-Rivière.

M. le curé de Fontenoy.

M. le curé de Dosly Courtil.

(213)

M. le curé de Pommiers.

M. le curé de Cuffy.

M. le curé de Chavigny le Fort.

M. le curé de Bieuxy, représenté par M. Boullefroy, curé des Fonts de Soissons.

M. le curé de Bagneux. Absent.

M. le curé d'Epagny. Absent.

M. le curé de Morsain, représenté par M. de Liége, chapelain des Martyrs de l'église de Soissons.

M. le prieur curé de Nancelle.

M. le curé d'Autresche, représenté par M. le curé de Saint-Martin de Soissons.

M. le curé de Vic sur Aisne, représenté par M. le curé de Bery St Christophe.

M. le curé de Moulin sous Touvent, représenté par M. le curé de Berny-rivière.

M. le curé de Bitry, représenté par M. le curé de Berny-rivière.

M. le curé de Berneuil, représenté par M. le curé des Fonts de Soissons.

M. le curé de Breuil.

M. le curé de Chelles.

M. le curé de Resson le long, représenté par M. Broyer, chanoine de St. Pierre au Parvis de Soissons.

M. le curé d'Ambleny, représenté par le doyen curé de Notre Dame des Vignes de Soissons.

M. le curé de St. Bandry, représenté par M. Landon, chanoine de St. Jean des Vignes.

M. le curé de Versyne, représenté par M. le Prevôt, chanoine de Notre-Dame des Vignes.

M. le curé de Cutry, représenté par M. le

prieur de l'abbaye de S. Crespin en Chaye.

M. le curé de Cœuvres, représenté par M. Pruneau, prefès de l'Oratoire.

M. le curé de Soucy.

M. le curé de Valsery.

M. le curé de S. Pierre Aigle, représenté par M. le curé de Missy sur Aixne.

M. le curé de Dommier, représenté par M. le prieur curé de Saconin.

M. le curé de Mersin.

M. le curé de Pernant.

M. le prieur de Saconin.

M. le curé de Trosly-Breuil, représenté par...

M. le curé de Ploisy, représenté par M. le vicaire de ladite paroisse.

M. le curé de Blerzy.

M. le curé de Courmelle,

M. le prieur curé de Vaubuin, représenté par M. Robert, chanoine régulier de St Léger de Soissons.

M. le curé de Billy.

M. le curé d'Acy.

M. le curé de Perches, représenté par M. de la Vaqru, bachelier en théologie, demeurant au chateau de D'huysy.

M. le curé de Cuiry-Housse, représenté par M. le curé de Coulonges.

M. le prieur curé d'Arcy S^{te}. Restitut.

M. le curé de Cramailles, représenté par M. Sauteul, chanoine de St Pierre.

M. le curé de Saponay, représenté par M. le curé de Bucy sur Aixne.

M. le curé de Loupeignes, représenté par M. le curé de Bruy.

M. le curé de Branges.

M. le curé de Bruys.

M. le curé de Lhuid, représenté par M. Desnoës, chanoine de Notre-Dame des Vignes.

M. le curé de Jouagnes, représenté par M. Sauteul, chanoine de S^t. Pierre.

M. le curé de Coincy, représenté par M. Fromage, chanoine de l'Eglise de Soissons.

M. le curé de Limé, représenté par M. Barbereux, chanoine de St Pierre.

M. le curé de Tannières, représenté par M. Barbereux.

M. le curé du M. Notre-Dame, représenté par M. le prieur de l'abbaye.

M. le curé de Draveux. Absent.

M. le curé de Cohau, représenté par M. Charpentier, chanoine de St Pierre à Soissons.

M. le curé de Coulonges.

M. le curé de Goussancourt, représenté par M. le curé le Viel de Soissons.

M. le curé de S^t. Gemmes, représenté par M. le curé de Coulonges.

M. le curé du Mont St Martin, représenté par M. le curé Dosly.

M. le curé de Villesavoye, représenté par...

M. le curé du S^t. Thibault, représenté par M. le curé de S^t. Quentin de Soissons.

M. le curé de Bazoches, représenté par M. le curé de Noyon.

M. le curé de Blanzy les Fimes, représenté par M. le curé de Vauxère.

M. le curé de Muizon les Reims. Absent.

M. le curé de Barbonval représenté par M. le curé de Pernant.

M. le curé de Villers en prières, représenté par M. le Provot, chanoine de N. D. des Vignes.

M. le curé de Longueval, représenté par M. le curé de St Quentin de Quentin.

M. le curé de Vauxère.

M. le curé de Dhuisel, représenté par M. le curé de Vuxère.

M. le curé de Pontarcy, représenté par M. Cliquot, chanoine régulier de Ste. Geneviève.

M. le curé de Chassemy, représenté par M. le curé de Crouy.

M. le curé de Courcelles lez Brains, repré-représenté par M. Reiser, doyen de St Vaast.

M. le curé de Paars. Absent.

M. le curé de Braine, représenté par M. le curé de Couvrelles.

M. le curé de Cerceuil, représenté par mondit s. curé de Couvrelle.

M. le curé de Couvrelle.

M. le curé de Vasseny, représenté par M. le curé de Couvrelle.

M. le curé de Ciry.

M. le curé de Venizes.

M. le curé de Crouy.

M. le curé de Bucy.

M. le curé de Vregny, représenté par M. le curé de Chivres.

M. le curé de Missy sur Aixne.

M. le curé de Condé sur Aixne, desservant.

M. le curé de Celles. Absent.

M. D'Aisy.

M. le curé de Jouy.

M. le curé de Vailly.

M. le curé de Chavoune, représenté par M. le curé de S. Remy de Neuilly.

M. le curé d'Ostel, représenté par M. Boursier, chanoine régulier.

M. le curé de Filain, représenté par M. le curé de Chavignon.

M. le curé de Pargny, représenté par *idem*.

M. le curé de Chavignon.

M. le curé de Sancy, représenté par M. Guillebert, prêtre habitué à Soissons.

M. le curé de Nampteuil la fosse, représenté par M. le curé de Chivres.

M. le curé de Vielarcy, représenté par M. Robert, chanoine régulier.

M. le curé de La faux.

M. le curé de Margival.

M. le curé de Braye et Villery.

M. le curé de Neuville sur Margival.

M. le curé de Terny.

M. le curé de Clamecy, représenté par M. le curé de Terny.

M. le curé de Leury.

(Archives impériales.)

ORDRE DE LA NOBLESSE.

Monseigneur le duc d'Orléans, premier prince du sang, comte de Soissons, représenté par M. de Limon, et ensuite absent.

M. le comte d'Egmont, comte de Braine.

M. le duc de La Trémouille, marquis d'Attichy, et vicomte de Berneuil, représenté par M. le comte de Noue.

M. le duc de Pienne, seig. du marquisat de Cœuvres. Absent.

Madame la princesse de Chimay, vicomtesse de Vierzy, Berzy, etc.; représentée par M. le comte d'Egmont.

M. le m^{is} de Puységur, seigneur de Buzancy et Quart-comte de Soissons.

M. le comte d'Aumale, seigneur du Mont N. Dame.

M. Drouin de Vaudeuil, baron de Bray, représenté par M. le comte d'Aumale.

M. le m^{is} d'Asseld, baron de Rodenay, représenté par M. le comte d'Egmont.

M. le comte de Damas, seigneur indivis du Plessier Heuleux, Billy, etc.; représenté par M. le m^{is} de Puységur.

M. le comte d'Escars, seigneur indivis du dit Plessier Heuleux, représenté par M. de Bouvrot.

Mme la comtesse d'Haien-Hauseu, dame de Draveny, représentée par M. le comte de Noue.

Mon dit sieur comte de Noue, seigneur de Villers-en-Prières.

M. de Noue de Brisset, seigneur en partie du dit Villers-en-Prières.

Mme de Noue de Villers, dame en partie du d. Villers, représentée par mon d. s. de Noue de Brisset.

M. le marquis de Vassan, seigneur de Puiseux.

M. le comte de Louvel, seigneur d'Austresches.

M. le comte de Praslin, seigneur de Perches. Absent.

M. le marquis d'Evry, seigneur de Nancelle, représenté par M. le chevalier d'Evry, son fils.

M. le comte d'Allouville, procureur syndic provincial de la noblesse.

Mme la marquise de Folleville, vicomtesse d'Acy, représentée par mon d. sieur le comte d'Allouville.

M. le marquis de Conflans, seigneur d'Armentières, etc. Absent.

M. le comte de la Galissonnière pour sa seigneurie de Lucy le Bocage. Absent.

Mme la marquise d'Orville, dame de Coulange, etc. Absente.

M. le Normand de Mezy, seigneur de Cramaille, représenté par M. Godard de Clamecy.

M. Du Jai, procureur syndic de la noblesse de l'assemblée du département de Soissons, seigneur de Rosoy en partie.

Mme de Marisot et ses enfants, héritiers de leur père, seigneurs du comté de Muret. Absents.

M. Paris de Tréfond, seigneur de Pringy. Absent.

M. Le Pelletier de Villers Hellon, seigneur du dit lieu.

M. Dupré de St Maur, seigneur de Vailly, Ostel, etc., représenté par M. Bayard.

Madame la veuve et les héritiers de M. Dubois, seigneurs de Chavignon, représentés par M. Du Jai.

M. le comte de Méré, seigneur d'Ecuiry et Rozières, représenté par M. le Gras de Chalmont.

Mme Celleur, dame de Vauxbain et Chaudun, représentée par mon dit sieur Du Jai.

M. de Lanery, seigneur du fief de Poulandon, représenté par M. le comte d'Allouville.

M. Godard, seigneur de Clamecy, Braye et Villery.

MM. de St Ouen de la Bruneterie, seigneurs d'Oigny.

M. le Gras de Chalmont, seigneur de Givray.

M. le président d'Ormesson de Noizeau, seigneur de Bazoches, etc. Absent.

M. Danré d'Armancie, seigneur de Longpeigne, représenté par M. de Beaufort.

M. Alexandre Cezoir Hyacinthe, chevalier de France, seigneur en partie de Tannière, représenté par M. son frère, cy-après.

M. Antoine Rolland de France, seigneur en partie du dit Tannière et de Villers en Prières.

M. du Roux de Verdon, seigneur de Couvrelle, représenté par M. de Pompry, ci-après.

M. de Pompry, seigneur de Salsogne.

M. de Wolbock, demeurant à Jouagnes.

M. Laurès Dumeux, seigneur de Jouagnes, représenté par mon dit sieur Wolbock.

M. Dupleix de Bacquencourt, seigneur de sept fiefs à Bucy, représenté par M. le duc de la Tournelle.

M. Dupleix, seigneur de Pernant, représenté par mon dit s. de la Tournelle.

M. le chevalier Gollier de Couvron, à cause de son fief de Cambronne sis à Coulonge.

M. de Belly de Bussy. Absent.

M. de Bonvrot d'Allaugeoy, demeurant à Soissons.

M. de Grainbert, à cause de son fief à Vaussetin, représenté par M. Charpentier Daudron.

M. Carpentier, chevalier de St Louis, demeurant à Soissons.

M. Danré, seigneur des fiefs de la Cour et de Laboves et de Leury, représenté par mon dit s. Carpentier.

M. Bertrand, seigneur de Pierre Aigle.

M. le duc de la Tournelle, pour ses fiefs du jardin de Vaux.

M. Lescarbotte de Beaufort, demeurant à Soissons.

M. Danière de Vegy, seigneur de Courcelles.

M. de Sevelinges, seigneur d'Epagny.

Mme de Rivocet, dame du Mont St Martin et Villesavoye, représentée par M. Godard de Clamecy.

Mme de Reuve, pour son fief à Ciry, représentée par M. Du Jay.

M. de Poilly, seigneur d'Aizy, Joui. Absent.

M. le duc de Molan, pour son fief à Filain. Absent.

M. de Bayard de Cid la commune.

M. de Bayard, demeurant à Nampteuil la Fosse.

M. d'Hédouville, demeurant à Pargny.

M. de Givry, demeurant à Jouagues.

M. de Pompry de Lozerai, demeurant à Ciry.

M. Guérin de Brulard, seigneur de Tannière.

M. Denette, seigneur de Villonce. Absent.

M. de la Noue, seigneur de Vaux-Fourché, à Bucy, représenté par M. de Villelongue, père.

M. Varel de Beauvoir, maréchal de camp, inspecteur général de l'artillerie.

M. de Villelongue père, chevalier de St-Louis.

M. de Villelongue fils.

M. Godard de Vingré, seigneur de Champêtre, etc.

M. Godard de Rivocet, seigneur de Blanzy, St-Rémy en partie.

M. le marquis d'Argent.

M. le baron Dufay.

M. Petit, médecin.

M. Petit, m^{tre} particulier.

M. Domilliers.

M. de Ley de Granville.

M. Le Blond de Gavrolle.

M. le m^{al} de Monteclain.

M. Capitain Clacy.

M. de La Place.

M. Le Feron, pour son fief à Trosly-Breuil. Absent.

M. de Bonardy, pour le fief de Mainville. Absent.

M. Bertier, seigneur de Virly. Absent.

M. de Basseruth, pour d'Huisel. Absent.

Les héritiers de M. Mosnier de La Landre, seigneur de Sorny. Absents.

M. Le Vaillant, pour son fief à Bucy. Absent.

ORDRE DU TIERS-ÉTAT.

LA VILLE DE SOISSONS.

Représentée par MM.
Labouret, président au Présidial.
Brayer, lieutenant de police.
Gouillard, procureur du Roi du bureau des finances.
Mennesson, écuyer, président trésorier de France honoraire, avocat, échevin.
Brayer-Pinton, m^d épicier, échevin.
Chevalier, procureur.
Le Cercle, m^d de bled.
Et Pourcelle, aîné, m^d orfèvre.

OULCHY LE CHATEAU.

Représenté par les s^{rs}
François Joseph Guidon dit Delaurin, tailleur d'habits.
Et Simon Pottier, jardinier.

LA VILLE DE BRAINE.

Représentée par MM.
Petit de Champlain.
François Gilbert Petiteau.
Et François Martin Fossier.

LA VILLE DE VAILLY.

Représentée par MM.
Varlet.
Boujot.
Menot.
Et Vignier.

LA PAROISSE DE St PIERRE-LE-VIEL ET St JACQUES.

Représentées par MM.
Charles Melaye.
Et Antoine Sulpice Des heureux.

LA PAROISSE DE VILLENEUVE OU St GERMAIN.

Représentée par les s^{rs}
Louis Henry Nocq, tailleur d'habits.
Et Jean Archain, laboureur.

LA PAROISSE DE BELLEUX.

Représentée par les s^{rs}
Jean François Lamotte.
Et Jean Pierre Chatelain.

LA PAROISSE DE NOYAN ET ACCORNAIN.

Représentée par les s^{rs}
Jean Baptiste Desboves.
Et Jean Baptiste Dourlens.

LA PAROISSE DE BUZANCY.

Représentée par les s^{rs}
François Chevalier, laboureur.
Et Jean Guery, meunier.

LES PAROISSES DE VILLEMONTOIRE ET CHARENTIGNY.

Représentées par les sieurs
Pierre Joseph Picot, fermier.
Et Claude Philippe Payen, fermier.

LA PAROISSE DE CHAUDUN.

Représentées par les s^{rs}
Basselier, fermier.
Et Delaporte, fermier.

LA PAROISSE DE VIERZY.

Représentée par les s^rs
Toupet, de Vaux Castille, fermier.
Et Gaillard, de Vierzy, fermier.

LA PAROISSE DE VILLERS HELLON.

Représentée par les s^rs
Ferté, laboureur.
Et Petit, laboureur.

LOUATRE VIOLAINE.

Représenté par les s^rs
Jacques Boivin.
Et Jean Pierre Réméré.

LA PAROISSE D'ARTENNES.

Représentée par les sieurs
Laurent Miret, notaire.
Et Grangé, laboureur.

LA PAROISSE DE TAUX.

Représentée par les sieurs
Sébastien Louis Darsonville, laboureur.
Et Remy Vattin, laboureur.

LA PAROISSE DE TIGNY.

Représentée par les s^rs
Louis Bourguin.
Et Sébastien Louis Darsonville.

LA PAROISSE DE PARCY.

Représentée par les sieurs
Jean Baptiste Delaporte, laboureur.
Et Etienne Eustache Pottier, laboureur.

LA PAROISSE DU GRAND ROSOY.

Représentée par les sieurs
François Fournier.
Et Jean-Baptiste Carré.

LA PAROISSE DU PLESSIER HULEUX.

Représentée par les sieurs
Brismontier.
Et François Le Blanc.

LA PAROISSE DE LAUNOIX.

Représentée par les s^{rs}
Louis Leguillier.
Et Pierre Carré.

LA PAROISSE DE DROISY.

Représentée par les s^{rs}
Charles Valentin Baclet.
Et Augustin Létoffé.

LA PAROISSE DE LONG PONT.
Absente.

LA PAROISSE DE St REMY-BLANZY.

Représentée par les s^{rs}
Jacques Gosset, laboureur.
Et Jean Bonnaventure Lamy, laboureur.

LA PAROISSE DE CORDOUX.

Représentée par les sieurs
Jean Baptiste Duclere.
Et Laurent Petit.

LA PAROISSE DE BILLY SUR OURCQ.

Représentée par les sieurs

Remy Leguery.
Et Michel Brebant.

LA PAROISSE DE ROZAY St ALBIN.

Représentée par les sieurs
Pierre Pille.
Et Jean Louis Vallerand.

LA PAROISSE DE SOMMELAN.

Absente.

LA PAROISSE DE MURET ET LES CROUTES.

Représentée par les sieurs
Jean Baclet, laboureur.
Et Pierre Louis Gaillard, laboureur.

LA PAROISSE DE MAAST ET VIOLAINE.

Représentée par les sieurs
Laurent Huttin
Et Nicolas Michu.

LA PAROISSE DE NANTEUIL SOUS MURET.

Représentée par les sieurs
Louis Toupet
Et Charles Gilles.

LA PAROISSE DE CHACRISE ET VILLEBLAIN.

Représentée par les sieurs
François Dardenne, laboureur.
Et M. Rouvray, procureur à Soissons.

LA PAROISSE D'AMBRIEF.

Représentée par les sieurs
Martin Legris
Et Martin Watrin.

LA PAROISSE DE ROZIÈRES.

Représentée par les sieurs
Jean Baptiste Collard
Et Jacques Basse.

LA PAROISSE DE SEPT-MONT.

Représentée par les sieurs
Claude Padieu
Et Jean-Baptiste Moreau.

LA PAROISSE DE TORCY.

Représentée par les sieurs
Louis Gilles Leguery
Et Pierre François Fondrin.

LA PAROISSE DE LUCY-LE-BOCAGE.

Représentée par les sieurs
François Delery
Et Etienne Duclerc.

LA PAROISSE DE LATILLY.

Représentée par les sieurs
Vallerand (François)
Et Jean Louis, laboureur.

LA PAROISSE DE NANTEUIL SUR OURCQ.

Représentée par les sieurs
Pierre Bourguin, laboureur
Et François Hacard, meunier.

LA PAROISSE D'ARMENTIÈRES.

Représentée par les sieurs
Charles Antoine Hutin
Et Jean Remy Bau.

LA PAROISSE DE ROCOURT.

Représentée par les sieurs
Claude Pierre Bouchet
Et Remy Lacet, laboureur.

LA PAROISSE DE BRUYÈRES.

Représentée par les sieurs
Simon Gilles
Et Nicolas Fournier.

LA PAROISSE DE St HILAIRE MONTGRU.

Représentée par les sieurs
Charles Lemoine
Et Charles Prévot.

LA PAROISSE DE NANTEUIL NOTRE-DAME OU SOUS CUGNY.

Représentée par les sieurs
Gaillard
Et Jacques Gery.

LA PAROISSE DE CUGNY-LES-CROUTES.

Représentée par les sieurs
Simon Gilles
Et Quentin fils.

LA PAROISSE D'OIGNY.

Représentée par le sieur
Hyacinthe Hutin, laboureur à Villers.

OULCHY LA VILLE.

Représenté par les sieurs
Charles Parquin
Et Jean Marlier.

LA PAROISSE DE PASSY.

Représentée par les sieurs
Jean Joachim Le Turc,
Et Nicolas Dupressoir.

LA PAROISSE DE VAUX-REZIS.

Représentée par les sieurs
Jean Etienne Dequir, laboureur,
Et Jean Louis Paillette, laboureur.

LA PAROISSE DE CUIZY EN ALLEMONT.

Représentée par les sieurs
Louis Duchêne
Et Adrien Cuvrot.

LA PAROISSE DE TARTIER.

Représentée par les sieurs
Gagnage, laboureur.
Et Pille, laboureur.

LA PAROISSE DE NOUVRON.

Représentée par les sieurs
Pierre Perrin, laboureur,
Et Honoré Lesage, laboureur.

LA PAROISSE DE BERNY-REVIÈRE.

Représentée par les sieurs
François Jean Tassard, fermier.
Et Pierre Lambin, fermier.

LA PAROISSE DE FONTENOY.

Représentée par les sieurs
Nicolas Gervais Dupressoir.
Et François Maillard.

LA PAROISSE DE POMMIERS.

Représentée par les sieurs
Pierre Battefort, laboureur.
Et Antoine Trusy, laboureur.

LA PAROISSE DE OSLY-COURTIL.

Représentée par les sieurs
Christophe Stanislas Lolliot, laboureur.
Et Jean Godard, laboureur.

LA PAROISSE DE CUFFY.

Représentée par les sieurs
Blin fils, procureur à Soissons.
Et Simon Geninot.

LA PAROISSE DE CHAVIGNY.

Représentée par les sieurs
Pierre Crespeaux, laboureur.
Et François Letoffe, vigneron.

LA PAROISSE DE BIEUXY.

Représentée par les sieurs
Ausery Sagny, laboureur.
Et Charles Lolliot, laboureur.

LA PAROISSE DE BAGNEUX.

Représentée par les sieurs
J. B. Gosset.
Et Jacques Durand.

LA PAROISSE D'EPAGNY.

Représentée par les sieurs
Jean Damas Ferté, laboureur.
Et Jean Defente, laboureur.

LA PAROISSE DE MORSIN.

Représentée par les sieurs
Nicolas Mouton
Et François Collaye.

LA PAROISSE DE NAMPCELLES.

Représentée par les sieurs
Eloy Labarre, laboureur
Et Nicolas Hain, laboureur.

LA PAROISSE D'AUTRESCHE.

Représentée par les sieurs
Claude Gallet.
François Flobert
Et Louis François Demaret.
Tous les trois laboureurs.

LA PAROISSE DE S^t. CHRISTOPHE.

Représentée par les sieurs
Pierre Delaporte, aîné, laboureur au hameau de Bouvat
Et Pierre Gaillant, vigneron.

VIC SUR AIXNE.

Représentée par les sieurs
Roguin, notaire
Et Jean Baptiste Dorchy, syndic.

LA PAROISSE DE MOULINS SOUS TOUVENT.

Représentée par les sieurs
Marc Antoine Dorchy, fermier
Et Pierre Scart, fermier.

LA PAROISSE DE BITRY

Représentée par les sieurs

Alexis Vaillant, vigneron.
Et Jean Charles Henry, vigneron.

LA PAROISSE DE BERNEUIL.

Représentée par les sieurs
Pierre Guiot, laboureur
Et Nicolas Etienne Lemaire, vigneron.

LA PAROISSE DE TROSLY-BREUIL.

Représentée par les sieurs
Pierre Chrétien, laboureur.
Joseph Mangin, m^{tre} charpentier
Et Antoine Le Page, aubergiste.

LA PAROISSE DE CHELLES.

Représentée par les sieurs
Charles Delaire, laboureur.
Et Antoine Nicolas Lefranc, laboureur.

LA PAROISSE DE RESSONS LE LONG.

Représentée par les sieurs
François Davarenflos, fermier
Et Antoine N^{as} Bailly, fermier.

LA PAROISSE D'AMBLENY,

Représentée par les sieurs
Marminia, notaire.
Et Jean Louis Claude Marie Devaux, laboureur.

LA PAROISSE DE St BANDRY.

Représentée par les sieurs
Charles Antoine Romain
Et Sulpice Moutonnet.

LA PAROISSE DE LAVERSINE.

Représentée par les sieurs
Quinquet, avocat à Soissons
Et Jean Baptiste Lévêque, fermier.

LA PAROISSE DE CUTRY.

Représentée par les sieurs
Jean Louis Adoucet, laboureur.
Et Jean Augustin Abry, laboureur.

LA PAROISSE DE COEUVRES.

Représentée par les sieurs
Paul Charles Lemaire
Et Claude N[as] Jolly, chirurgien.

LA PAROISSE DE SERIEY.

Représentée par les sieurs
Le Tellier, fermier.
Et Louis Lamotte, charon.

LA PAROISSE DE PUISEUX.

Représentée par les sieurs
Charlemagne Lemaire, maître de poste.
Et Jean Baptiste Jauceur, fermier.

LA PAROISSE DE DOMIÈRES

Représentée par les sieurs
Pierre François Tassart, fermier
Et Pagnet, fermier.

LA PAROISSE DE MERCIN

Représentée par les sieurs
Joseph Pinta, laboureur.
Et Toussaint Duclerc, laboureur.

LA PAROISSE DE PERNANT.

Représentée par les sieurs
Jacques Charlemagne Bucaille, laboureur.
Et Jérôme Jouet, laboureur.

LA PAROISSE DE SACONIN.

Représentée par les sieurs
Joseph Leclerc, laboureur.
Et M. Dubois, procureur à Soissons.

LA PAROISSE DE BREUIL.

Représentée par les sieurs
Sébastien Drausin Benoît, père.
Et Jean Henri Muselle.

LA PAROISSE DE MISSY AUX BOIS.

Représentée par les sieurs
Pierre Charlemagne Pottier.
Et Pierre Blanchard.

LA PAROISSE DE PLOISY.

Représentée par MM.
Paul Charles Lemaire, seigneur dudit lieu.
Et Saint Jacques Delaporte, fermier.

LA PAROISSE LÉCHELLE ET CHAZELLES.

Représentée par les srs
Pierre Alexis Potier, fermier.
Et Louis Charles Victor Leguery, fermier.

LA PAROISSE DE BERZY.

Représentée par les sieurs
De Roucy.
Et Lefèvre.

LA PAROISSE DE COURMELLES.

Représentée par les sieurs
Liebert, procureur à Soissons.
Et Louis Alexandre, fermier.

LA PAROISSE DE BILLY SUR AIXNE.

Représentée par les sieurs
Jean Beauvais.
Et Nicolas Hamart.

LA PAROISSE D'ACY.

Représentée par les sieurs
Jean Pierre Ferté, fermier.
Et Claude Lambin, vigneron.

LA PAROISSE DE SERCHES.

Représentée par les sieurs
Meurizet, procureur à Soissons
Et Charlemagne Pinta, fermier.

LA PAROISSE DE CUIRY-HOUSSE.

Représentée par les sieurs
Charles Petit, laboureur.
Et Jean Mathieu, charon.

LA PAROISSE D'ARCY Ste RESTITUE.

Représentée par les sieurs
Philippe Hochet,
Et Charles Judas, syndic.

LA PAROISSE DE TUGNY ET JOUSSY.

Représentée par les sieurs
Gabriel Dieu.
Et Hubert Gadret.

LA PAROISSE DE CRAMAILLE.

Représentée par les sieurs
Jacques Germain Pinta.
Et Jacques Bernard Fournier.

LA PAROISSE DE SERVENAY.

Représentée par le s^r
Charles Guyot.

LA PAROISSE DE SAPONAY.

Représentée par les s^{rs}
Jean Marie Flobert.
Et Nicolas Droupy.

LA PAROISSE DE LOUGPEIGNE ET VAUX SOUS LOUGPEIGNE.

Représentée par les sieurs
Antoine Evra, laboureur
Et Jean Godret, maréchal.

LA PAROISSE DE BRANGE.

Représentée par le s^r
Louis Carré, laboureur.

LA PAROISSE DE BRUYS.

Représentée par les s^{rs}
Pierre Louis Maugras, laboureur
Et Jean Baptiste Rutteux, laboureur.

LA PAROISSE DE LUYS.

Représentée par les s^{rs}
Jean Thomas Horrissez, laboureur
Et Charles Leroux, laboureur.

LA PAROISSE DE JOUAGNE.

Représentée par le s^r
Benard, laboureur.

LA PAROISSE DE QUINCY.

Représentée par les sieurs
Jean Louis Leroux
Et Antoine Masson.

LA PAROISSE DE LIMAY.

Représentée par les s^{rs}
Jean Louis Leroux
Et Jean Nicolas Fuzillier.

LA PAROISSE DE TANNIERS.

Représentée par les s^{rs}
Sébastien Théodore Jérôme Hanzillières
Et Antoine Joseph.

LA PAROISSE DE MONT NOTRE DAME.

Représentée par les s^{rs}
Pierre Martelle, le jeune, couvreur
Et Remy N^{as} Fuzillier.

LA PAROISSE DE CHERY CHARTREUVE.

Représentée par les s^{rs}
Remy Pierre Hatté
Et Pierre Marlier.

LA PAROISSE DE DRAVENY.

Représentée par les s^{rs}
Jean Baptiste Petit
Et Simon Bertillieux.

LA PAROISSE DE COHAN.

Représentée par les srs
Antoine Grasalereuil
Et Antoine Poussant.

LA PAROISSE DE COULONGE.

Représentée par les srs
Pierre Simon Denizart
Et M. Clément, notaire.

LA PAROISSE DE GOUSSENCOURT.

Représentée par les srs
François Levêque
Et Antoine Rousseau.

LA PAROISSE DE St GEMME.

Représentée par les srs
Jean Charles Moroy
Et Simon Fortin, le jeune.

LA PAROISSE DE MONT St MARTIN.

Représentée par les srs
Jean Nas Goumant, laboureur
Et Henri Goumant.

LA PAROISSE DE VILLE SAVOYE.

Représentée par les srs
Henri Aubert
Et Louis Fabien Mazurier.

LA PAROISSE DE St THIBAUT.

Représentée par les srs
Simon Joseph Tissier
Et Jean Bte Champion.

LA PAROISSE DE BAZOCHES.

Représentée par les srs
Jacques Urlin

LA PAROISSE DE BLANZY LES FISMES.

Représentée pas le sr
Jean P{re} Labart, laboureur.

LA PAROISSE DE MAISON LES REIMS.
Absente.

LA PAROISSE DE BARBONVAL.

Représentée par les srs
Adrien Lecorchez
Et Charles Joseph de Baine.

LA PAROISSE DE VILLERS EN PRIERES.

Représentée par les srs
Hacquart
Et Jean B{te} Judas.

LA PAROISSE DE VAUXECRÉ.

Représentée par les srs
Vincelet, laboureur
Et Bourame, laboureur.

LA PAROISSE DE VAUXSETIN.

Représentée par les srs
Bouramé
Et Miche.

LA PAROISSE DE DHUISEL.

Représentée par les srs
Louis Fouillard
Et Etienne Plessier.

LA PAROISSE DE VIEILLE ARCY.

Représentée par les s^{rs}
Charles François Royer
Et Christophe Garçon.

LA PAROISSE DE PONTARCY.

Représentée par les s^{rs}
Nicolas Liance
Et François Framboizier.

LA PAROISSE DE CHASSEMY.

Représentée par les s^{rs}
Jean Constant
Et Pierre Vaillant.

LA PAROISSE DE BRENELLE.

Représentée par le s^r
Louis Benard, laboureur.

LA PAROISSE DE COURCELLES.

Représentée par les s^{rs}
Nicolas Sauvegrain
Et Arnoult Leger.

LA PAROISSE DE PAARS.

Représentée par les s^{rs}
Antoine Bouche
Et N^{as} Déprez.

LA PAROISSE DE CERSEUIL.

Représentée par les s^{rs}
Georges Le Brasseur
Et Nicolas Gavelle.

LA PAROISSE D'AUGY.

Représentée par les sieurs
Jacques Legrand
Et Antoine Toussaint Thiéfine.

LA PAROISSE DE COUVRELLES.

Beprésentée par les s^{rs}
Pierre Beacourt
Et Louis Larguier.

LA PAROISSE DE VASSENY.

Représentée par les s^{rs}
Pierre Ferté, laboureur
Et N^{as} Largny, vigneron.

LA PAROISSE DE SALSOGNE.

Représentée par les s^{rs}
Pierre Pothrier, laboureur
Et Philippe Toupret, vigneron.

LA PAROISSE DE CIRY.

Représentée par les s^{rs}
Jacques Bluvier, vigneron.
Et Vincent Judas, vigneron.

LA PAROISSE DE SERMOISE.

Représentée par les s^{rs}
Louis Droux, buraliste
Et Jacques Dubois, aubergiste.

LA PAROISSE DE VENIZEL.

Représentée par
M. Lampon, avocat à Soissons
Et Robert Dulieu, vigneron.

LA PAROISSE DE CROUY.

Représentée par les s^{rs}
Jean Louis Delorme,
N^{as} Moreau, vignerons ;
Et M. Salleron, procureur à Soissons.

LA PAROISSE DE BUSSY.

Représentée par MM.
De Noirrefosse, chevalier de St Louis ;
Ferté ;
Culot, laboureurs ;
Et Geveshomme, vigneron.

LA PAROISSE DE VREGNY.

Représentée par les s^{rs}
Louis Dufrene,
Et Jacques Nota.

LA PAROISSE DE CHIVRES.

Représentée par les s^{rs}
Augustin Quinquet,
Et Antoine Pestel.

LA PAROISSE DE MISSY SUR AIXNE.

Représentée par les sieurs
Jean Baptiste Lelarge
Et Innocent Moreau.

LA PAROISSE DE CONDÉ.

Représentée par les sieurs
Pierre Véron
Et Jean Louis Dubois.

LA PAROISSE DE CELLES.

Représentée par les sieurs

Ferté, laboureur ;
Et Choppin, vigneron.

LA PAROISSE D'AIZY.

Représentée par les sieurs
Brocheton,
Et Bouchet, laboureurs.

LA PAROISSE DE JOUY.

Représentée par les sieurs
Charles Dubarle,
Et Nicolas Breton.

LA PAROISSE DE CHAVONNE.

Représentée par les sieurs
Hyacinthe Sameaux
Et Jean Baptiste Lenoite.

LA PAROISSE D'OSTEL.

Représentée par les sieurs
Jean B^{te} Ferté
Et Simon Chartier.

LA PAROISSE DE FILAIN.

Représentée par les sieurs
N^{as} Chauveau
Et Henry Frussard.

LA PAROISSE D'EPARGNY.

Représentée par les sieurs
Pierre Guillaume,
Et Antoine LeRoux.

LA PAROISSE DE CHAVIGNON.

Représentée par les sieurs

Pierre Binet,
Et Claude François Dangenne.

LA PAROISSE DE SANCY.

Représentée par les sieurs
Louis Henri Billourdin,
Et P^re Ouen Garet.

LA PAROISSE DE NANTEUIL LA FOSSE.

Représentée par les sieurs
Honoré de Villers
Et Pierre Christophe Flobert.

LA PAROISSE DE LAFAUX.

Représentée par les s^rs
Dauvergne, notaire
Et Dubarle, laboureur

LA PAROISSE DE MARGIVAL.

Représentée par les sieurs
Maurice Vion
Et Jacques Jean Bruneteaux.

LA PAROISSE DE VILLERY.

Représentée par les s^rs
Fiquet, procureur à Soissons
Et Claude Nouveau.

LA PAROISSE DE BRAYE.

Représentée par
François Meunier, syndic.

LA PAROISSE DE NEUVILLE.

Représentée par les sieurs
Louis Dubois, laboureur

Et Jean Baptiste Sénéchal, manouvrier.

LA PAROISSE DE TERNY ET DE SORNY.

Représentée par les sieurs
Jacques Doré, laboureur
Et Jean Duru, vigneron.

LA PAROISSE DE CLAMECY.

Représentée par les s^{rs}
Jean Pierre Sampité du Dru, vigneron
Et Nicolas Lefevre.

LA PAROISSE DE LEURY.

Représentée par les s^{rs}
Jean Baptiste Cailleaux
Et Jean Maïeu.

LA PAROISSE DE VALSERY.

Représentée par les sieurs
Louis Flobert, fermier
Et J^n N^{as} Havart, notaire.

(Archives impériales.)

FIN.

TABLE.

	Pages.
Introduction par M. l'abbé Pécheur.........	5
Lettre de la commission provinciale du Soissonnais au directeur général des finances..	8
Lettre de M. Pruneau, prêtre de l'Oratoire, à Soissons, à M. le directeur général des finances................................	9
Lettre des trésoriers de France au bureau des finances de Soissons au directeur général des finances........................	12
Assemblée du corps municipal de Soissons à l'effet de rédiger une Adresse au Roi, à l'occasion de la convocation des Etats-Généraux	20
Adresse des habitants de Soissons au Roi....	22
Adhésion de MM. du bailliage et siége présidial de Soissons...........................	23
Adresse du Corps municipal de Soissons au Roi	23
Adhésion des officiers du Grenier à Sel, des officiers de l'Election, des juges civils, des officiers de la Maîtrise des eaux et forêts et du corps de la maréchaussée............	27
Ordonnance du lieutenant-général au bailliage siége présidial de Soissons, pour la convocation des Trois Etats du bailliage de cette ville...........................	27
Nomination par le corps des notaires de Soissons de leurs représentants à l'assemblée du Tiers-Etat............................	29
Procès-verbal de l'assemblée du Tiers-Etat du bailliage de Soissons	36
Cahiers des plaintes et doléances de l'ordre du Tiers-Etat	66

(248)

Pages.

Lettre de M. Goulliart au directeur général des finances, sur ce qui s'est passé dans la réunion du Tiers-Etat....................	87
Seconde lettre de M. Goulliart au directeur général des finances........................	96
Sommation du sieur Goulliart au sieur Waubert, greffier-secrétaire du Tiers-Etat......	107
Réclamation et protestation du sieur Goulliart, procureur du Roi au bureau des finances de la généralité de Soissons, l'un des députés du Tiers-Etat de la même ville à l'assemblée du bailliage.....................	110
Lettre d'envoi de la protestation du sieur Goulliart au garde des sceaux.............	123
Réponse du garde des sceaux à M. Goulliart..	124
Lettre de M. de Beffroy, grand bailli d'épée du Soissonnais, à M. Brayer, lieutenant-général de police à Soissons	126
Mémoire de MM. Goulliart, Brayer et autres, au directeur-général des finances	127
Lettre de M. Goulliart à M. le garde des sceaux	133
Lettre de M. Goulliart au directeur général des finances	135
Lettre de M. Charpentier, lieutenant du bailliage à M. le garde des sceaux.............	137
Réponse du garde des sceaux à la lettre de M. Goulliart.............................	139
Réponse du garde des sceaux à la lettre de M. Charpentier........................	139
Lettre du garde des sceaux à M. le lieutenant-général du bailliage de Soissons...........	140
M. Le Tellier, président trésorier de France, et M. le garde des sceaux...........	140 et 142
Lettre de M. Charpentier au garde des sceaux	143
Réponse du garde des sceaux à M. Charpentier	146

Lettre de M. Vernier, procureur du Roi au

	Pages.
bailliage de Soissons, à M. le garde des sceaux	147
Réponse du garde des sceaux à M. Vernier...	165
Procès-verbal de l'assemblée de la noblesse du bailliage de Soissons, pour la nomination de députés des Etats-Généraux............	166
Instructions données par le duc d'Orléans à son fondé de procuration aux assemblées du bailliage de Soissons..................	169
Procès-verbal de l'assemblée du clergé du bailliage de Soissons....................	174
Cahier des demandes et doléances de l'assemblée du clergé du bailliage de Soissons.....	181
Discours prononcé par le comte d'Alouville à la tête de la députation que l'ordre de la noblesse a envoyé à l'ordre du Tiers-Etat, le 19 mars 1789, pendant la tenue de l'assemblée des trois ordres du bailliage de Soissons..................................	204
Liste de l'ordre du Clergé..................	206
Ordre de la Noblesse	217
Ordre du Tiers-Etat.........................	223

FIN DE LA TABLE.

SOISSONS. — IMPRIMERIE DE FOSSÉ DARCOSSE,
Directeur de l'ARGUS SOISSONNAIS,
Rue Saint-Antoine, n° 15.

www.ingramcontent.com/pod-product-compliance
Lightning Source LLC
Chambersburg PA
CBHW070525170426
43200CB00011B/2323